财务报表分析

从入门到精通

刘　靳◎著
任成枢◎审校

天津出版传媒集团
天津科学技术出版社

图书在版编目（CIP）数据

财务报表分析从入门到精通 / 刘靳著. -- 天津 ：天津科学技术出版社，2020.9（2023.2重印）

ISBN 978-7-5576-8566-9

Ⅰ. ①财… Ⅱ. ①刘… Ⅲ. ①会计报表—会计分析 Ⅳ. ①F231.5

中国版本图书馆CIP数据核字(2020)第148449号

财务报表分析从入门到精通

CAIWU BAOBIAO FENXI CONG RUMEN DAO JINGTONG

责任编辑：吴文博

出　　版：天津出版传媒集团
　　　　　天津科学技术出版社

地　　址：天津市西康路35号

邮　　编：300051

电　　话：（022）23332695

网　　址：www.tjkjcbs.com.cn

发　　行：新华书店经销

印　　刷：天宇万达印刷有限公司

开本 710×1000　1/16　印张 14　字数 200 000

2023年2月第1版第3次印刷

定价：55.00元

前言
Preface

企业的经营简单点儿说就是投入生产要素，最终形成产品对外销售，实现资金回流的过程。经营过程的实现，归根结底是资金的运动，即资金把人、机器、原料结合在一起，最后又通过产品销售回到资金的状态。而资金的流动又会完整地在整个财务记录链条上留下痕迹，最终以财务报表的形式完整地呈现给相关报表信息使用者（以下简称“信息使用者”）。所以，一份真实、完整、准确的财务报表是企业经营情况的完整反映。不同的信息使用者基于自身需求，都能够从财务报表中得到相关问题的答案，并通过对财务报表进行深入分析，来了解企业经营中的优势、隐藏的管理问题和面对的主要风险。

哪些人会成为潜在的信息使用者呢？

除了企业的财务人员以外，企业的股东、管理层也都需要充分了解财务报表。

对于股东而言，不了解财务报表就无法评价管理层的经营状况，无法知晓管理层存在的管理问题，无法预估企业未来的经营态势。

对于管理层而言，不了解财务报表，忽视对财报数据的深入分析，对财务报表所反映出的问题无法及时分析并确定原因，容易忽视潜在的管理问题，导致决策失误，从而丧失最佳经营契机。比如，企业在销售大幅增长的时期，战略上以提升市场占有率为目标，那么相应的营销费用的增长是否能够匹配相应的企业目标？企业大幅扩张增加投资时，相应的经营性现金流能否支撑企业高速发展？如果无法支撑，那么筹措资金的节奏能否跟上？……这些具体的问题都可以从财务报表及其相关信息的分析中找到相应的解答，从而支撑管理层做出相应的经营决策，或去复盘之前所做决定的正确与否。

同时，企业外部的潜在投资者——既包括潜在股权投资者，也包括债权投资者、第三方中介机构，都需要通过了解企业报送的财务报表及相关信息来做出相应的投资决策。

潜在股权投资者，简单来说，是指在二级市场购买股票的个人或机构。那么对于所购股票的载体——标的企业，投资者选择它的理由是什么？仅仅是K线图吗？著名投资大师索罗斯说过："人们时常会以愚蠢的价格买进或卖出股票。某些股票的长期价格取决于企业的经济发展，而不是每天的市场行情。"大家都知道价格是围绕价值不断波动的，对于价值投资者而言，只要所选择的标的企业是一家优质的、有潜力的企业，投资人迟早都会因价值回归而获得相应的收益。在很多时候，投资人之所以投资股票亏钱了，很重要的原因是没有选准好的标的企业。实际上，如果投资者具备了一定的财务报表及其相关信息的分析能力，很大程度上能够降低选择劣质企业的风险，从而提高投资者的投资胜率。就机构投资者而言，对企业财务报表及相关信息的分析更是至关重要的。机构不仅会分析企业已经发布的财务报表，更会深入研究企业所处的内外部环境，并实地考察标的企业，从而印证或证伪构成财务报表的相关数据，进而基于企业财务报表做出关于标的企业发展前景的分析、预测。

债权投资人也要通过对企业相关财务报表及相关信息的分析得出投资风险的高低、投资回报率的大小，以及企业现在和未来的经营趋势与偿债能力，进而做出是否投资、投资期限长短，以及是否提前或延后收回投资等一系列重要决策。无论是前期调研还是贷后检查，债权人都会要求企业提供完整、真实的财务报表作为评价基础。

第三方中介机构，如会计师事务所、税务师事务所、资产评估机构等，也主要以企业的财务报表及其相关信息为基础，提供相应的鉴证评估咨询服务。其中，一些知名的中介机构的专家对财务报表及其相关信息的理解在某些方面比企业的财务人员更深刻，视角也更为宏观，他们能够通过分析财务报表及数据背后的相关信息，洞察企业潜在的管理问题，提供相应的管理建议。

各级政府监管部门也需要通过企业的财务报表了解企业的经营情况，并通过对各行业财务数据的整合，得出整体与区域、不同行业发展的状况和趋势，并据此做出相应的干预和调整。经济政策调整的最重要依据之一就是数据，而不同所有制企业基于财务报表报送的相关数据一直以来都是经济运行的“晴雨表”。再者，企业的主管税务机关，也会要求企业定期报送当期的财务报表，从而了解企业真实的经营状况，并通过对财务报表数据与申报缴税金额钩稽关系和趋势的分析，得出企业潜在的涉税风险。一方面，税务机关的工作人员需要深入了解财务报表的相关知识，从而做出相应的税务判断；另一方面，企业财务人员也要将所在企业财务报表的相关数据和数据背后的业务实质了然于胸，并能够对反映企业涉税事项的财务报表数据进行提前分析，并准确预判，以便从容应对主管税务部门对企业税务事项的判断。

总体来说，能够结合企业所处内外部环境信息理解财务报表，并能够熟练分析财务报表，对信息使用者有着重要的意义，这是信息使用者深入了解企业的重要工具。本书以财会〔2019〕6 号文中的财务报表为基础展开，通过对财务报表基础知识、财务报表最新变化和财务报表分析工具的介绍，立足于实际应用，并使用大量案例，来帮助读者获得财务报表分析知识，了解知识如何运用。

在熟悉掌握了财务报表分析工具之后，一方面，本书突破财务报表的局限，引出管理用财务报表的概念和相关的分析工具，进一步拓宽分析视野；

另一方面，本书从非财务的角度重新审视财务报表，使读者在加深了解企业所处宏观、中观、微观环境的基础上，提高解读财务报表的能力，从而透过数据更加全面地了解企业所面对的经营环境以及在行业中所处的竞争态势。

根据新会计准则的规定，企业财务报表主要包括企业的资产负债表、利润表、现金流量表、所有者权益变动表以及财务报表附注。本书对这些概念性知识进行了深入浅出的阐述，紧密结合案例和图表，让内容变得通俗易懂。本书亦详细介绍了管理用财务报表的知识点和从不同角度审视财务报表的相关内容，使得读者能够更加宏观地看待财务报表数据的分析结果，因此，对于刚接触财务报表的人来说，本书可以作为入门性读物。对于已经掌握一定财务基础的人来说，本书可以作为重要的财务知识的补充，以及进阶之用。

目 录
Contents

第一章

概览财务报表

财务报表是企业经营信息全方位展示的重要途径之一，相对于其他披露方式而言，财务报表具有完整、准确、及时、标准化的特性，从而易于为相关信息使用者所使用，更便于对同类企业进行横向对比。相关信息使用者对于财务报表理解得越透彻，越能够透过财务报表所呈现的“现象”了解企业经营的“本质”。因此，加深对财务报表的理解是信息使用者了解企业最为直接、有效的方式之一。

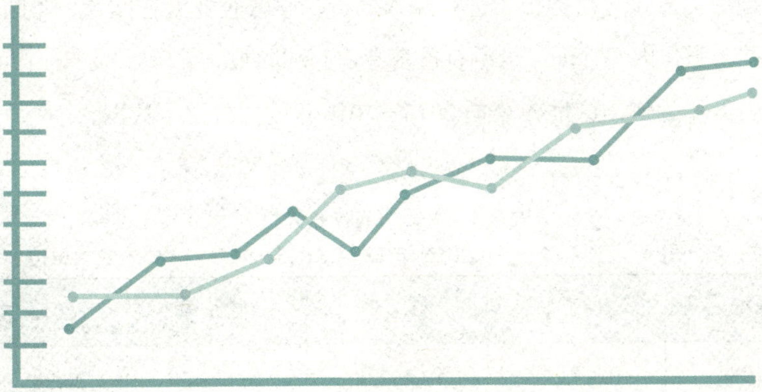

1.1 财务报表的作用

财务报表是企业内外部利益相关者审视企业的重要窗口。

1.1.1 财务报表在企业内部的作用

对企业内部而言，财务报表是股东对管理层业绩考核的度量衡。管理层在经营周期内是否完成公司指标，是否在所有内控环节均能有效管控，是否在所有风险环节都能将风险控制在可接受范围内，股东都可以通过财务报表得到相关反馈。管理层自身也可以通过对财务报表的分析，找出管理上存在的问题，并针对管理上的薄弱环节，制订相应的工作计划加以改善。因此，从某种意义上说，对财务报表的分析是企业提升管理水平的重要依据。尤其是对于上市公司来说，财务报表是反映企业经营状况、管理水平的一面镜子，管理层更应该对财务报表进行深入分析，整改企业潜在问题，不断提升公司业绩、强化内部管理，给所有投资者信心和回报。。

以表 1-1 为例，这是 A 公司 2013—2016 年的部分财务数据。

表 1-1　A 公司的收入分析

编制单位：A 公司　　2016 年 12 月 31 日　　单位：万元

指标	2013 年	2014 年	2015 年	2016 年
销售额	10,133.00	12,452.00	16,588.00	20,285.00

（续表）

指标	2013 年	2014 年	2015 年	2016 年
净利润	1,003.20	1,182.98	1,476.30	1,785.07
应收账款	5,425.00	5,688.00	7,815.00	9,987.00

从数据上看，收入和利润均有稳定增长，但经过分析后会发现如下问题，如图 1-1。

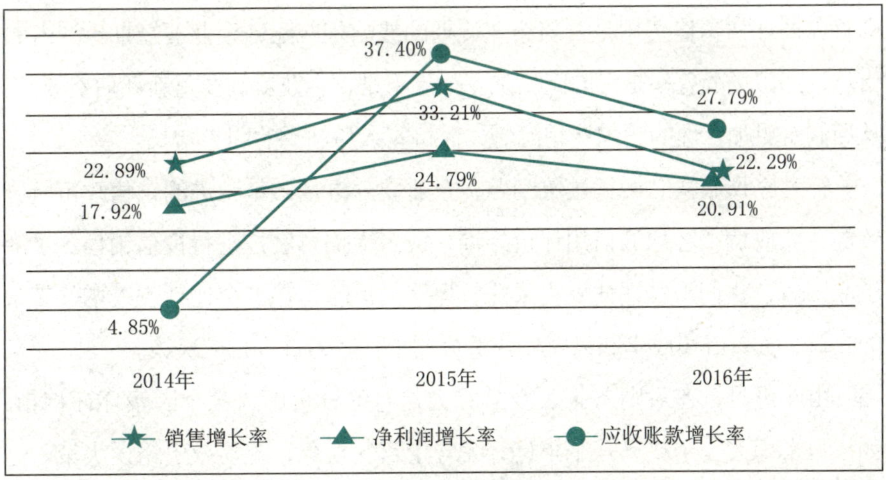

图 1-1　A 公司 2014—2016 年收入增长率

我们把表 1-1 的数据换算成图 1-1 的增长率，就会发现：从 2014 到 2016 年，净利润的增长率分别是 17.92%、24.79%、20.91%，低于销售增长率 22.89%、33.21%、22.29%；并且随着销售收入的不断提高，应收账款在 2015 年、2016 年对应的增长率分别为 37.40%、27.79%，也显著高于销售增长率。

A 公司的销售收入获得大幅提升的同时伴随成本费用的急剧增加，原因到底是超出企业规模经济导致的成本增加，还是大幅提高销售费用导致的费用增加，抑或是规模扩张导致的财务费用增加，还需要我们继续对财务报表其他科目进行具体分析来确定。再者，收入增加所导致的应收账款增长率跑得“过快”，是因为历年呆账积累导致，还是因为实施了激进的销售政策，还得进行账龄分析才能确定。当对这些问题进行分析后，企业就可以找出症结所在，从而对经营中存在的问题心中有数。这样，管理层在取得相关结论后，可以决定是否制订相应的行动计划。

针对成本费用增长快于销售收入增长的问题，如果是属于超出企业规模经济的问题，就要研究是否需要扩大产能；如果是销售费用过快增长导致的，则首先要评估销售费用是否与企业近期的战略相匹配，企业要短期迅速占领市场，那市场占有率是否同比增加。如果不是，企业就需要重新评估费效比，从而制定更加合理的销售费用比例，保持收入与利润的同步增长。

针对应收账款的增长过快问题，企业要分析是否是激进的销售政策所导致的，如放宽了客户的信用评价标准，或者大幅对客户进行授信销售。了解了原因后，我们需要评估发生呆账、坏账的风险，在综合评判收入增长带来的收益、资金占用成本和呆账坏账造成的损失后，进行相应决策。

由此可见，在对财务报表及其相关信息的分析中，各个因素环环相扣，如果只考虑某一个或某几个指标，无异于盲人摸象，容易做出错误决策。这就要求企业内部信息使用者要充分、全面、详细地了解财务报表逻辑、原理、钩稽关系和企业所处环境，从而能够结合企业业务实质，做出合理、准确的判断。

1.1.2 财务报表在企业外部的作用

对企业外部而言，财务报表及其相关信息是潜在投资者、潜在供应商、各级监管部门、第三方机构了解企业并做出相应决策的重要依据。

（1）潜在投资者。潜在投资者既包括潜在股权投资人，也包括潜在债权投资人。前者关注的是投资逻辑及相应的投资回报率，后者关注的是资金的安全和可回收性。潜在投资者既可以通过财务报表了解企业过去和现时的经营情况，也可以通过对财务报表主体所处环境进行对比分析在某种程度上得出企业未来的发展态势。甚至对于企业投资价值评估的数据基础也依赖于企业财务报表的工作质量。对于投资人来说，通过对财务报表及其相关信息的分析尽可能了解企业的真实经营情况、潜在的经营风险，是风险投资评估的重要抓手。

（2）潜在供应商。潜在供应商也同样关注企业的资金状况，他们通过对财报及其相关信息的分析，审慎评估企业的信用风险，从而结合实际情况做出产品最终报价。

（3）各级监管部门。各级监管部门包括税务机关、统计机关等。这些部门通过对企业定期报送财务报表的分析，评价企业经营状况、发展趋势及税务风险，并通过将所有企业的数据整合后，形成全行业、全口径的经济运行数据，从而为下一步的调整措施提供决策依据。因此财务报表是企业对外全方位展示的一扇窗口，综合反映了企业的经营素质、运营成果和生存能力。

（4）第三方中介机构。如会计师事务所、税务师事务所、资产评估机构等，他们共同组成专业的行业专家团队，实地考察企业，深入了解经营，并凭借自身扎实的业务积累和宏观的产业研策，结合企业提供的财务报表及其相关信息，可以判断管理层的意图和存在的管理问题。通过他们的鉴证，企业财务报表及其相关信息的信用等级能够获得极大提升；同时，企业管理层还可以通过上述专家团队的管理建议，洞察企业潜在的、未被发现的管理问题。

外部信息使用者通过对企业财务报表及其相关信息的分析，获得相应的企业经营信息，从而做出对应的投资、干预决策。例如，表 1–2 是对 B 公司 2017 年度现金流量的分析。

表 1-2　B 公司现金流量表

编制单位：B 公司　　2017 年 12 月　　单位：万元

项　目	附注	2017 年度
一、经营活动产生的现金流量		—
销售商品、提供劳务收到的现金		2,689.49
收到的税费返还		—
收到其他与经营活动有关的现金	五、50	367.59
经营活动现金流入小计		3,057.08
购买商品、接受劳务支付的现金		6,858.76
支付给职工以及为职工支付的现金		2,462.33
支付的各项税费		1,552.27
支付其他与经营活动有关的现金	五、50	5,877.18
经营活动现金流出小计		16,750.54
经营活动产生的现金流量净额		-13, 693. 46
二、投资活动产生的现金流量		—
收回投资收到的现金		5,000.00
取得投资收益收到的现金		640.00
处置固定资产、无形资产和其他长期资产收回的现金净额		—
处置子公司及其他营业单位收到的现金净额		—
收到其他与投资活动有关的现金	五、50	1.03
投资活动现金流入小计		5,641.03
购建固定资产、无形资产和其他长期资产支付的现金		3,050.17
投资支付的现金		5,000.00
支付其他与投资活动有关的现金	五、50	—
投资活动现金流出小计		8,050.17

（续表）

项　目	附注	2017 年度
投资活动产生的现金流量净额		-2, 409. 14
三、筹资活动产生的现金流量		—
吸收投资收到的现金		—
取得借款收到的现金		14,600.00
发行债券收到的现金		—
收到其他与筹资活动有关的现金	五、50	—
筹资活动现金流入小计		14,600.00
偿还债务支付的现金		5,600.00
分配股利、利润或偿付利息支付的现金		429.06
其中：子公司支付给少数股东的股利、利润		—
支付其他与筹资活动有关的现金	五、50	45.00
筹资活动现金流出小计		6,074.06
筹资活动产生的现金流量净额		8, 525. 94
四、汇率变动对现金及现金等价物的影响		—
五、现金及现金等价物净增加额		-7, 576. 66
加：期初现金及现金等价物余额		54,083.65
六、期末现金及现金等价物余额		46, 506. 99

通过分析表 1-2 可以看出，尽管 B 公司账面有 46,506.99 万元的现金等价物结余，但依然存在着很多问题：首先，经营现金流量为 -13,693.46 万元，说明 B 公司 2017 年度涉及主营业务的资金支出大于资金流入；其次，可以看出企业 2017 年度的投资活动现金流量净额为 -2,409.14 万元，其中“购建固定资产、无形资产和其他长期资产支付的现金”和“投资支付的现金”占

主要部分，说明企业仍旧处于购买资产扩大生产、增资扩股的扩张期；而筹资活动现金流量净额为 8,525.94 万元，2017 年整体现金等价物的余额减少了 7,576.66 万元，说明企业 2017 年在资金收支上不但在消耗往年积累，还需要借债经营投资，如果趋势形成，这样的经营是不可持续的。

企业如果要改善资金状况，则需要结合销售收入和应收账款来分析：如果是销售收入的降低造成经营资金下滑，则需要加强销售渠道建设或者审慎评估加大投资的必要性；如果是因为应收账款的急剧提高导致经营资金下滑，则需要加强回款催收。如果站在潜在投资者的角度，B 公司在 2017 年的资金状况需要结合企业发展阶段和上述资金逻辑进行相应分析：如果企业发展平稳，则相应管理动作导致的资金安排就可能会受到投资人的质疑；此外，报表中的 46,506.99 万元的期末现金及现金等价物看似充足，但并未考虑资金受限状态（报表附注中介绍），如果具体分析企业资金状况，还需要考虑受限资金的因素。

基于此，无论是内部信息使用者还是外部信息使用者，如果想了解企业的经营情况，挖掘企业存在的管理问题，则财务报表既是最直接、最方便的途径，又是必不可少的重要环节。但是仅仅依靠对报表数字的阅读或者个别科目、个别指标的理解是远远不够的，甚至会产生片面的、错误的结论。这就要求每一个潜在报表使用者都要对财务报表有一个逻辑的、全面的、透彻的理解，并将财务报表的数据信息置于企业所处的环境信息中理解，这样才能够准确地剖析企业的发展、现状和趋势，从而做出合理的经营、投资、监管决策。

1.1.3 财务报表的组成与分类

（1）财务报表由这些部分组成：资产负债表、利润表、现金流量表、所有者权益变动表、附注。

财务报表的这些组成部分具有同等重要的作用。

（2）财务报表还可以按照不同的标准进行分类。

①按照编制主体的不同，财务报表可以分为单体财务报表和合并财务报表。与单体财务报表不同的是，合并财务报表是以母公司和子公司组成的企业集团为会计主体，根据母公司和所属子公司的财务报表，由母公司编制的综合反映企业集团财务状况、经营成果和现金流量情况的财务报表。

②按照编制期间的不同，财务报表可以分为中期财务报表和年度财务报表。中期财务报表是以短于一个完整会计年度的报告期间为基础编制的财务报表，包括月报、季报和半年报。

1.2 资产负债表简介

1.2.1 资产负债表的内容

资产负债表是指反映企业在某一特定日期财务状况的报表。它反映企业在某一特定日期所拥有或控制的经济资源、所承担的现时义务和所有者对净资产的要求权。资产负债表，可以提供某一时点的资产总额和资产结构，表明企业拥有的资源及其分布情况，使得信息使用者直观地了解企业在某一特定日期的财务状况；可以提供企业在某一特定日期的负债总量及结构，表明企业未来需要用多少资产或劳务清偿债务及大致的清偿时间；可以反映所有者所拥有的权益，据以判断投资者投入资产的保值增值情况以及对负债的保障程度。此外，分析资产负债表相关科目可以得出企业变现能力、偿债能力等指标数据，从而有助于决策。

1.2.2 资产负债表的结构

在结构上，资产负债表分为两大部分，左边反映企业的资产在期初与期末的余额，右边反映企业的负债和所有者权益在期初与期末的余额，见表1-3。

表 1-3 资产负债表

编制单位： 年 月 单位：元

资 产	期末余额	期初余额	负债和所有者权益（或股东权益）	期末余额	期初余额
流动资产			**流动负债**		
货币资金			短期借款		
交易性金融资产			交易性金融负债		
衍生金融资产			衍生金融负债		
应收票据			应付票据		
应收账款			应付账款		
预付款项			预收款项		
其他应收款			合同负债		
存货			应付职工薪酬		
合同资产			应交税费		
持有待售资产			其他应付款		
一年内到期的非流动资产			持有待售负债		
其他流动资产			一年内到期的非流动负债		
			其他流动负债		
流动资产合计			**流动负债合计**		
非流动资产			**非流动负债**		
债权投资			长期借款		
其他债权投资			应付债券		
长期应收款			长期应付款		
长期股权投资			预计负债		

（续表）

资　产	期末余额	期初余额	负债和所有者权益（或股东权益）	期末余额	期初余额
其他权益工具投资			递延收益		
其他非流动金融资产			递延所得税负债		
投资性房地产			其他非流动负债		
固定资产			**非流动负债合计**		
在建工程			**负债合计**		
生产性生物资产			**所有者权益（或股东权益）**		
油气资产			实收资本（或股本）		
无形资产			其他权益工具		
开发支出			其中：优先股		
商誉			永续债		
长期待摊费用			资本公积		
递延所得税资产			减：库存股		
其他非流动资产			其他综合收益		
			盈余公积		
			未分配利润		
非流动资产合计			**所有者权益（或股东权益）合计**		
资产总计			**负债和所有者权益（或股东权益）总计**		

此外，高危行业企业如果有按照国家规定提取的安全生产费的，则应当在资产负债表所有者权益项下“其他综合收益”和“盈余公积”项目之间增

设“专项储备”项目，反映企业提取的安全生产费期末余额。

1.2.3 资产和负债的列报要求

通过表 1–3 不难发现，在资产负债表中，无论资产还是负债都是按照流动性进行划分的。资产分为流动资产和非流动资产，负债分为流动负债和非流动负债，并分别列示，方便信息使用者阅读分析。流动性的划分通常按照资产的变现、耗用时间长短或者负债的偿还时间长短来确定。

（1）资产满足下列条件之一的，应划分为流动资产。

①预计在一个正常经营周期中变现、出售或耗用。主要包括存货、应收票据及应收账款等资产。正常经营周期指的是企业从购买用于加工用的资产到实现现金或现金等价物的周期，如果正常经营周期不能确定，则通常以 1 年为一个经营周期。

②主要为交易目的而持有，如预期持有低于 12 个月的交易性金融资产。

③预计在资产负债表日起 1 年内变现。

④自资产负债表日 1 年内，交换其他资产或清偿负债的能力不受限制的现金及现金等价物。而流动资产以外的资产则都属于非流动资产。

（2）流动负债的划分与资产类似，负债满足下列条件之一的，应划分为流动负债。

①预计在一个正常营业周期中清偿。

②主要为交易目的而持有。

③自资产负债表日起 1 年内到期应予以清偿。

④企业无权自主地将清偿推迟至资产负债表日后 1 年以上。

在实务中，并不是死搬硬套去使用上述原则，而是需要结合业务实质进行相应判断，比如原本是一项长期负债，但因企业前期违约事件的影响，金融机构要求企业 1 年内偿还上述负债，则在报表中应该将上述长期负债作为流动负债列报。

1.3 利润表简介

1.3.1 利润表的内容

利润表又名损益表，是反映企业在一定会计期间内经营成果的报表。通过利润表的数据列示，信息使用者可以直观地感受收入、成本、利润的增减变动趋势，从而对企业的经营态势有一个大致的了解。企业在一定会计期间内实现的营业收入、投资收入，以及实现上述收入所耗费的经营成本、销售费用、承担的税金及附加、财务费用、管理费用、研发费用、营业外支出等都列式在利润表中。通过将利润表与资产负债表相关数据结合，我们可以对财务报表进行一些基础分析，比如将销货成本与存货的平均余额进行比较，可以得出反映运营效率的存货周转率。将净利润与总资产或所有者权益比较，可以得出反映投入产出效率的资产净利率。

1.3.2 利润表的结构

利润表的结构见表 1-4。

表 1-4　利润表

编制单位：　　　　　　　　　年　月　　　　　　　　　单位：元

项　目	本期金额	上期金额
一、营业收入		
减：营业成本		
税金及附加		
销售费用		
管理费用		
研发费用		
财务费用		
其中：利息费用		
利息收入		
加：资产减值损失（损失以“—”号填列）		
其他收益（损失以“—”号填列）		
其中：对联营企业和合营企业的投资收益		
净敞口套期收益（损失以“—”号填列）		
公允价值变动收益（损失以“—”号填列）		
资产处置收益（损失以“—”号填列）		
二、营业利润（亏损以“—”号填列）		
加：营业外收入		
减：营业外支出		
三、利润总额（亏损总额以“—”号填列）		
减：所得税费用		
四、净利润（净亏损以“—”号填列）		
（一）持续经营净利润（净亏损以“—”号填列）		

（续表）

项　目	本期金额	上期金额
（二）终止经营净利润（净亏损以“–”号填列）		
五、其他综合收益的税后净额		
（一）不能重分类进损益的其他综合收益		
1. 重新计量设定受益计划变动额		
2. 权益法下不能转损益的其他综合收益		
3. 其他权益工具投资公允价值变动		
4. 企业自身信用风险公允价值变动		
……		
（二）将重分类进损益的其他综合收益		
1. 权益法下可转损益的其他综合收益		
2. 其他债权投资公允价值变动		
3. 金融资产重分类计入其他综合收益的金额		
4. 其他债权投资信用减值准备		
5. 现金流量套期储备		
6. 外币财务报表折算差额		
……		
六、综合收益总额		
七、每股收益		
（一）基本每股收益		
（二）稀释每股收益		

在表 1-4 中，企业利润表通过对收入、费用、支出项目按照性质加以归类列示，逐层展示利润形成的中间环节核心数据，分步计算当期损益，便于信息使用者理解企业经营成果的不同来源。表 1-4 所展示的利润表符合财会〔2019〕6 号文中对利润表列报的最新要求，拆分部分费用单独列示，方便信息使用者进一步了解收入、成本及利润构成（具体变动详见后续章节）。

1.4 现金流量表简介

1.4.1 现金流量表的内容

现金流量表，是指反映企业在一定会计期间内现金和现金等价物流入和流出的报表。现金流量表的编制原则与资产负债表和利润表不同，现金流量表采用的是收付实现制，而资产负债表和利润表的编制原则是权责发生制，目的是使得信息使用者更加全面地了解净利润的质量。从内容上看，现金流量表分为三个部分：经营活动、投资活动和筹资活动。每个活动又细分为各个具体项目，这些项目清晰地展示了企业不同业务活动的资金流入、流出情况。通过对现金流量表的分析，信息使用者可以评价企业的支付能力、偿债能力和周转能力，并预测企业未来的资金状况。

1.4.2 现金流量表的结构

现金流量表的结构见表 1-5。

表 1-5 现金流量表

编制单位： 年 月 单位：元

项 目	本期金额	上期金额
一、经营活动产生的现金流量		

（续表）

项　目	本期金额	上期金额
销售商品、提供劳务收到的现金		
收到的税费返还		
收到其他与经营活动有关的现金		
经营活动现金流入小计		
购买商品、接受劳务支付的现金		
支付给职工以及为职工支付的现金		
支付的各项税费		
支付其他与经营活动有关的现金		
经营活动现金流出小计		
经营活动产生的现金流量净额		
二、投资活动产生的现金流量		
收回投资收到的现金		
取得投资收益收到的现金		
处置固定资产、无形资产和其他长期资产收回的现金净额		
处置子公司及其他营业单位收到的现金净额		
收到其他与投资活动有关的现金		
投资活动现金流入小计		
购建固定资产、无形资产和其他长期资产支付的现金		
投资支付的现金		

（续表）

项　目	本期金额	上期金额
取得子公司及其他营业单位支付的现金净额		
支付其他与投资活动有关的现金		
投资活动现金流出小计		
投资活动产生的现金流量净额		
三、筹资活动产生的现金流量		
吸收投资收到的现金		
取得借款收到的现金		
收到其他与筹资活动有关的现金		
筹资活动现金流入小计		
偿还债务支付的现金		
分配股利、利润或偿付利息支付的现金		
其中：子公司支付给少数股东的股利、利润		
支付其他与筹资活动有关的现金		
筹资活动现金流出小计		
筹资活动产生的现金流量净额		
四、汇率变动对现金及现金等价物的影响		
五、现金及现金等价物净增加额		
加：期初现金及现金等价物余额		
六、期末现金及现金等价物余额		

表 1-6 现金流量表补充资料

补充资料	本期金额	上期金额
1. 将净利润调节为经营活动现金流量		
净利润		
加：资产减值准备		
信用损失准备		
固定资产折旧、油气资产折耗、生产性生物资产折旧		
无形资产摊销		
长期待摊费用摊销		
处置固定资产、无形资产和其他长期资产的损失（收益以“—”号填列）		
固定资产报废损失（收益以“—”号填列）		
净敞口套期损失（收益以“—”号填列）		
公允价值变动损失（收益以“—”号填列）		
财务费用（收益以“—”号填列）		
投资损失（收益以“—”号填列）		
递延所得税资产减少（增加以“—”号填列）		
递延所得税负债增加（减少以“—”号填列）		
存货的减少（增加以“—”号填列）		
经营性应收项目的减少（增加以“—”号填列）		
经营性应付项目的增加（减少以“—”号填列）		
其他		
经营活动产生的现金流量净额		

（续表）

补充资料	本期金额	上期金额
2. 不涉及现金收支的重大投资和筹资活动		
债务转为资本		
一年内到期的可转换公司债券		
融资租入固定资产		
3. 现金及现金等价物净变动情况		
现金的期末余额		
减：现金的期初余额		
加：现金等价物的期末余额		
减：现金等价物的期初余额		
现金及现金等价物净增加额		

现金流量表的编制方法有两种：直接法和间接法。在直接法下，以利润表中的营业收入为起点，调节与经营活动有关项目的增减变动，然后计算出经营活动产生的现金流量，如表1-5。在间接法下，以净利润为起点，将净利润调节为经营活动现金流量，实际上就是将权责发生制下确定的净利润调整为现金净流入，并剔除投资活动和筹资活动产生的现金流动。我国会计准则规定应当使用直接法编制现金流量表，同时要求在附注中提供以净利润为基础调节到经营活动现金流量的信息，即在附注中体现间接法编制过程，如表1-6。

填列现金流量表补充资料中经营活动现金流的实质，就是依据收付实现制原则，将构成利润表的所有交易中，剔除：①实际没有收到现金的收益，②实际没有支付现金的费用，③不属于经营活动的损益，④经营性应收应付项目的增减变动，从而将净利润调整为经营活动现金流动情况。

1.5 所有者权益变动表简介

1.5.1 所有者权益变动表内容

所有者权益变动表是指反映构成所有者权益各组成部分当期增减变动情况的报表。所有者权益变动表不仅反映权益总量的增减变动，还反映增减变动的重要结构性信息，使得信息使用者能了解所有者权益增减变动的根源。在列报时，综合收益和与所有者的资本交易导致的所有者权益的变动分别列示。

1.5.2 所有者权益变动表的结构

表 1-7 展示了所有者权益变动表的结构，可以看出，所有者权益变动列出了上期权益期末数、调整数和本期增减变动数，是对资产负债表中所有者权益的有效注释，全面展示了企业所有者权益在当期的变化情况。

表 1-7　所有者权益变动表

编制单位：　　　　　　　　　　年度　　　　　　　　　　金额：元

项　目	本年金额									
	实收资本（或股本）	其他权益工具			资本公积	减：库存股	其他综合收益	盈余公积	未分配利润	所有者权益合计
		优先股	永续债	其他						
一、上期期末余额										
加：会计政策变更										
前期差错更正										
其他										
二、本期期初余额										
三、本期增减变动金额（减少以“-”号填列）										
（一）综合收益总额										
（二）所有者投入和减少资本										
1. 所有者投入的普通股										
2. 其他权益工具持有者投入资本										
3. 股份支付计入所有者权益的金额										
4. 其他										
（三）利润分配										
1. 提取盈余公积										
2. 对所有者（或股东）的分配										
3. 其他										
（四）所有者权益内部结转										
1. 资本公积转增资本（或股本）										
2. 盈余公积转增资本（或股本）										
3. 盈余公积弥补亏损										
4. 设定受益计划变动额结转留存收益										
5. 其他综合收益结转留存收益										
6. 其他										
四、本期期末余额										

1.6　财务报表附注

1.6.1　附注的内容

附注是对资产负债表、利润表、现金流量表和所有者权益变动表等报表中列式项目的文字描述或明细资料，以及对未能在这些报表中列式项目的说明和对报表中数据所展示的趋势的解释。对于信息使用者而言，不仅要分析财务报表，更要结合附注去对财务报表的数据进行详细分析，这样才能够更好地理解财务报表。附注的主要内容包括以下项目：企业的基本情况、财务报表的编制基础、遵循企业会计准则的申明、重要的会计政策与会计估计、会计政策与会计估计变更以及差错更正的说明、报表重要项目的说明、其他需要说明的重要事项、分部信息、关联方关系及交易等。

1.6.2　附注的作用

通过结合附注的内容来看财务报表，信息使用者可以清晰地知晓企业的历史沿革，明白企业财务报表各个科目编制所遵照的会计准则，了解财务报表数字背后所隐藏的真实情况以及信息提供者对这些重大事项的解读，结合附注去解读财务报表，可以更全面地了解企业的披露信息。

例如，企业的应收账款在财务报表中往往只以净值填列，而通过附注可以了解企业计提坏账准备的规定，清晰展示不同账龄应收账款原值的规模，以及不同账龄应收账款计提的坏账金额和排名靠前的应收账款对象，从而能全方位地了解应收账款数字背后的真实业务。

下面这段文字是G公司在附注的“重要会计政策和会计估计”中关于应收款项的相关描述。

应收款项的减值测试方法及减值准备计提方法如下。

在资产负债表日对应收款项的账面价值进行检查，有客观证据表明其发生减值的，计提减值准备。

（1）单项金额重大并单项计提坏账准备的应收款项。

单项金额重大的判断依据或金额标准：本公司将500.00万元以上应收账款，100.00万元以上其他应收款确定为单项金额重大。

单项金额重大并单项计提坏账准备的计提方法：对于单项金额重大的应收款项，单独进行减值测试。有客观证据表明其发生了减值的，根据其未来现金流量现值低于其账面价值的差额，确认减值损失，并据此计提相应的坏账准备。

短期应收款项的预计未来现金流量与其现值相差很小的，在确定相关减值损失时，可不对其预计未来现金流量进行折现。

（2）按信用风险特征组合计提坏账准备的应收款项。

确定组合的依据如下。

组合1：对单项金额重大单独测试未发生减值的应收款项会同单项金额不重大的应收款项，本公司以账龄作为信用风险特征组合。

组合2：以本公司合并报表范围内的应收款项划分组合。

按组合计提坏账准备的计提方法：账龄分析法。

组合1：根据以前年度按账龄划分的各段应收款项实际损失率作为基础，结合现时情况确定本年各账龄段应收款项组合计提坏账准备的比例，据此计算本年应计提的坏账准备。

组合2：合并报表范围内的应收款项不计提坏账准备。

各账龄段应收款项组合计提坏账准备的比例具体如下。

账龄	应收账款计提比例（%）	其他应收款计提比例（%）
1 年以内（含 1 年）	5	5
1~2 年	10	10
2~3 年	30	30
3~4 年	50	50
4~5 年	80	80
5 年以上	100	100

通过描述我们可以清晰地了解：① G 公司应收账款减值测试的两种分类及方法，即单项金额重大的应收账款和属于同类信用风险特征的应收账款；② G 公司对于应收账款计算净值的逻辑，按照 1 年内计提 5%，1~2 年计提 10%……而在附注的“财务报表项目注释”中关于“应收款项”的解读全面展示了 G 公司应收账款构成和重要应收账款对象，如表 1-8、表 1-9。

表 1-8　G 公司账龄

单位：元

账龄	2015. 6. 30		
	应收账款	坏账准备	计提比例
1 年以内	1177,409,121.75	58,609,981.23	5%
1~2 年	221,905,639.28	22,190,563.94	10%
2~3 年	33,895,695.97	8,807,841.85	30%
3~4 年	8,458,371.13	4,229,185.57	50%
4~5 年	6,464,133.42	5,171,306.74	80%
5 年以上	2,257,109.79	2,257,109.79	100%
合计	1, 450, 390, 071. 34	101, 265, 989. 12	6. 98%

表 1-9　按欠款方归集的 G 公司期末余额前五名的应收账款情况

单位：元

单位名称	2015. 6. 30	占应收账款期末余额合计数的比例	坏账准备期末余额
A 公司	215,517,946.00	14.65%	10,775,897.30
C 公司	201,438,047.91	13.69%	10,071,902.40
D 公司	137,702,500.00	9.36%	6,885,125.00
E 公司	58,084,415.80	3.95%	2,904,220.79
F 公司	57,315,200.00	3.89%	2,865,760.00
合计	670, 058, 109. 71	45. 54%	33, 502, 905. 49

在 G 公司对外公示的财务报表中对于应收账款的描述仅限于净值 1,349,124,082.22（1,450,390,071.34–101,265,989.12），结合附注则不仅了解了 G 公司财务报表中应收账款和坏账准备的计算逻辑，知道了不同年度欠款的比例从而评估款项收回的难度，更可清楚 G 公司欠款总额近一半的对象清单和相应数额，可以说 G 公司“应收账款”这个科目的数据在附注中得到了全面的解析，信息使用者通过结合附注阅读，可以得到更多有用的信息并加以分析利用。

毫不夸张地说，完整解读附注是全面、准确、充分理解财务报表数据信息，并进行分析的重要前提，更详细的附注介绍我们会在后面章节陆续涉及。

1.7　财务报表近几年的重大变化

根据《财政部关于修订印发 2019 年度一般企业财务报表格式的通知》，结合 2018 年已经做出的部分修订，企业财务报表主要变化如下。

（1）资产负债表主要是归并或拆分原有项目。

“应收票据及应收账款”项目拆分为“应收票据”和“应收账款”两个项目。

“应收利息”及“应收股利”项目归并至“其他应收款”项目。

“固定资产清理”项目归并至“固定资产”项目。

“工程物资”项目归并至“在建工程”项目。

“应付票据应付账款”项目拆分为“应付票据”和“应付账款”两个项目。

“应付利息”及“应付股利”项目归并至“其他应付款”项目。

“专项应付款”项目归并至“长期应付款”项目。

“持有待售资产”行项目及“持有待售负债”行项目核算内容发生变化。

资产负债表所有者权益项下新增“专项储备”项目，反映高危行业企业按国家规定提取的安全生产费的期末账面价值。该项目根据“专项储备”科目的期末余额填列。

（2）利润表主要是分拆项目，并对部分项目的先后顺序进行调整，同时简化部分项目的表述。

新增“研发费用”项目。从“管理费用”项目中分拆“研发费用”项目。

在“财务费用”项目下增加“利息费用”和“利息收入”明细项目。

“其他收益”“资产处置收益”“营业外收入”行项目、“营业外支出”行项目核算内容调整。

“权益法下在被投资单位不能重分类进损益的其他综合收益中享有的份额”简化为“权益法下不能转损益的其他综合收益”。

将利润表“减：资产减值损失”调整为“加：资产减值 损失（损失以‘–’号填列）”。

（3）所有者权益变动表主要落实《〈企业会计准则第 9 号职工薪酬〉应用指南》对于在权益范围内转移“重新计量设定受益计划净负债或净资产所产生的变动”时增设项目的要求：新增“设定受益计划变动额结转留存收益”项目；根据资产负债表的变化，在所有者权益变动表新增“专项储备”项目。

财务报表列报科目调整的总体指导思想是：对于同类型且不单独列示不影响对于财报信息理解的科目予以合并，如“应收利息”“应收票据”的简并；对于需要单独列示从而使得信息使用者能够更好解读财务报表的部分予以增加，如新增的“研发费用”“资产处置收益”，前者的单独列报使得信息使用者了解企业在研发方面的投入，从而评估企业管理层对于研发的态度和未来竞争潜力，后者的单独列报可以将企业持续经营收益和处理资产的收益在主表上进行明确区分，从而方便信息使用者更全面地评估企业本年收益的成色。

后续实际案例中的财务报表格式受限于编制时准则的要求，或许与最新的财务报表编制要求不一致，但不影响读者对于财务报表知识的学习理解。在大致了解了财务报表的主要信息后，我们将在后面章节一一解读财务报表中的重要科目，使得初次接触财务报表的读者能够逐步入门。

第二章

资产负债表——企业财务状况的反映

资产负债表采用账户式结构，报表分为左、右两边，左边是资产各项目，右边是负债和所有者权益各项目。对信息使用者来说，充分了解报表各个科目的核算内容是准确理解财务报表及其相关信息的基础。

2.1 资产的分类与含义

资产按照流动性不同分为流动资产和非流动资产。

2.1.1 流动资产

流动资产主要包括货币资金、交易性金融资产、存货、应收票据、应收账款、预付账款、其他应收款、合同资产、持有待售资产、1 年内到期的非流动资产等科目。

（1）货币资金是指企业拥有的，以货币形式存在的资产，包括现金、银行存款和其他货币资金。货币资金以期末库存现金、银行存款和其他货币资金三个科目的期末余额之和填列。货币资金流动性强，是企业的重要支付手段和流通手段，因而是流动资产的审查重点。现金和银行存款都比较好理解，其他货币资金通常包括：外埠存款、银行汇票存款、银行本票存款、信用证存款、信用卡存款、存出投资款。

（2）交易性金融资产是指企业打算通过积极管理和交易来获取利润的债权证券与权益证券。企业通常会频繁买卖这类证券，以期在短期价格变化中获取利润。企业持有交易性金融资产的目的是短期持有并出售获利，这是区别于非流动资产中各项债权或股权投资的显著特点。

（3）应收票据和应收账款。在我国，应收票据是指企业持有的未到期或未兑现的商业票据，它是由付款人或收款人签发、由付款人承兑、到期无条件付款的一种书面凭证。应收票据在财务报表中通常根据科目的期末净值数填列。应收账款是指企业在正常的经营过程中因销售商品、产品、提供劳务等业务，应向购买单位收取的款项，包括应由购买单位或接受劳务单位负担的税金、代购买方垫付的包装费、各种运杂费等。应收账款是伴随企业的销售行为发生而形成的一项债权。因此，应收账款的确认与收入的确认密切相关。通常在确认收入的同时，确认应收账款，这也是应收账款和其他应收款的关键区分点。“应收账款”科目应根据应收账款和预收账款的各明细科目的借方余额，减去相应坏账准备的金额填列。举例如下。

表 2-1　C 公司 20×5 年往来列报计算过程

单位：万元

往来科目	借方累计	贷方累计	科目余额	坏账准备	期末列报
应收账款	50.12	10.32	39.8	4.01	50.08
预收账款	4.32	11.64	7.32	0.35	21.96

注：C 公司 20×5 年期末应收票据金额为 0。

通过科目余额表的列示，应收账款余额为 39.8 万元，如果只是按照应收账款科目余额减去坏账准备列报应收账款，则金额为 35.79 万元。但应收账款的期末列报需要按照会计准则的要求进行重分类处理后列报，计算过程如下。

C 公司 20×5 年应收账款期末列报=50.12+4.32−（4.01+0.35）=50.08 万元

（4）预付账款是指企业按照购货合同的规定，预先以货币资金或货币等价物支付给供应单位的款项。在日常核算中，预付账款按实际付出的金额入账，因对方还未履行相应义务，因此支付出去的款项仍旧是企业的一项资产，只不过是以“预付账款”的形式体现。在实务操作中，有些企业往往不使用该科目，而是使用“应付账款”的借方记录预付账款发生额，原因是为了防止多头挂账，即，同一客户既有预付账款，也有应付账款，在期末财务报表列报时可以避免手工整合的麻烦。

（5）其他应收款主要是用于核算企业除应收票据、应收账款、预付账款等以外的其他各种应收、暂付款项。主要包括各种应收赔款、罚款、备用金、保证金、应向职工收取的各种款项及其他各种应收、暂付款项。其他应收款、其他应付款与应收账款、应付账款最大的区别在于：前者与产品或服务相关的销售、采购无关。期末，该科目也是以扣除坏账准备后的净值列报。

（6）合同资产是指企业已向客户转让商品而有权收取对价的权利，且该权利取决于时间流逝之外的其他因素。合同资产需要根据《企业会计准则第14号——收入》的相关规定，区别于企业拥有的、无条件（即，仅取决于时间流逝）向客户收取对价的权利的“应收款项”而单独列示。合同资产与应收款项的根本区别在于承受的风险不同，应收款项仅承担信用风险，而合同资产不仅要承担信用风险，还需要承担其他风险，比如履约风险。企业向客户销售两项可明确区分的商品，企业因已交付其中一项商品而有权收取款项，但收取该款项还取决于企业交付另一项商品的，企业应当将该收款权利作为合同资产。

（7）持有待售资产，与后面在流动负债中要介绍的持有待售负债，均是根据《企业会计准则第42号——持有待售的非流动资产、处置组和终止经营》的要求所设置的。企业主要通过出售而非持续使用一项非流动资产或处置组收回其账面价值的，应当将其划分为持有待售类别。增设该科目将原准则中的资产区分为持续经营资产和持有待售资产，从而便于信息使用者更加深入地了解企业资产中持续经营资产的质量和持有待售资产所占资产的比例。

（8）1年内到期的非流动资产是指反映企业将于1年内到期的非流动资产项目金额。包括1年内到期的持有至到期投资、待摊费用和1年内可收回的长期应收款。1 年内到期的非流动资产的列报属于报表重分类，即将原本列报在非流动资产各科目中 1 年内即将到期的部分，在财务报表列报中调整至“1 年内到期的非流动资产”科目。

2.1.2　非流动资产

非流动资产是指不能在 1 年或者超过 1 年的一个营业周期内变现或者耗用的资产。非流动资产是指流动资产以外的资产，主要包括长期投资、长期应收款、投资性房地产、固定资产、在建工程、无形资产、商誉、长期待摊费用、递延所得税资产等。

（1）长期投资既包括债权投资，也包括股权投资，分为以下四类。

①其他债权投资：以公允价值计量且其变动计入其他综合收益的金融资产（债权），其他债权投资的金融资产管理的业务模式是既收取合同现金流量又以出售该金融资产为目标。

②债权投资：以摊余成本计量的金融资产，债权投资的金融资产管理的业务模式是仅以收取合同现金流量为目标。

③其他权益工具投资：是指非交易性的股票，是企业指定为以公允价值计量且其变动计入其他综合收益的金融资产。

④长期股权投资：是指通过投资取得被投资单位的股份。企业对其他单位的股权投资，通常视为长期持有，以及通过股权投资达到控制被投资单位，或对被投资单位施加重大影响，或为了与被投资单位建立密切关系，以分散经营风险。长期股权投资的上述特点也显著区别于其他三类长期投资。

（2）长期应收款是指企业融资租赁产生的应收款项和采用递延方式分期收款、实质上具有融资性质的销售商品和提供劳务等经营活动产生的应收款项。该科目在财务报表中的列报反映企业尚未收回的长期应收款，减去未确认的融资费用，并扣除 1 年内到期的长期应收款金额（该部分列报于“1 年内到期的非流动资产”）。长期应收款在附注中会列示更多详细信息。

（3）投资性房地产，是指为赚取租金或资本增值（房地产买卖的差价），或两者兼有而持有的房地产。投资性房地产应当能够单独计量和出售。主要包括已出租的土地使用权、持有并准备增值后转让的土地使用权和已出租的建筑物，但不包括经营自用房地产和对于房地产企业来说作为存货的房地产。经营自用的房地产应作为固定资产列示。

（4）固定资产是指企业为生产产品、提供劳务、出租或者经营管理而持有的，使用时间超过 12 个月的，价值达到一定标准的非货币性资产，包括房屋、建筑物、机器、机械、运输工具以及其他与生产经营活动有关的设备、器具、工具等。

（5）在建工程是指企业资产的新建、改建、扩建，或技术改造、设备更新和大修理工程等尚未完工的工程支出。在建工程通常在完工后转为固定资产。固定资产和在建工程在财务报表中均以扣除减值后的金额列报，其中固定资产还需扣除累计折旧。

（6）无形资产是指企业拥有或控制的没有实物形态的可辨认非货币性资产，通常包括专利权、非专利技术、商标权、著作权、特许权、土地使用权等。无形资产可以来源于内部研发和外购两种途径，与固定资产一样需要按期计提折旧，并以净值列报。

（7）商誉是指能在未来期间为企业经营带来超额利润的潜在经济价值，或一家企业预期的获利能力超过可辨认资产正常获利能力（如社会平均投资回报率）的资本化价值。商誉是企业整体价值的组成部分。在企业合并时，它是购买企业投资成本超过被合并企业净资产公允价值的差额。商誉与无形资产的区别在于：商誉是一种不可确指的无形项目，它不具可辨认性，故不属于无形资产。它不能独立存在，具有附着性特征，与企业的有形资产和企业的环境紧密相连。它既不能单独转让、出售，也不能以独立的一项资产作为投资，不存在单独的转让价值。它只能依附于企业整体，商誉的价值是通过企业整体收益水平来体现的。在二级市场上，不少投资人都会关注商誉这一重要财务指标，因为它一定程度上反映了企业在过去投资中的决策。

（8）长期待摊费用是核算企业已经支出，但摊销期限在 1 年以上（不含 1 年）的各项费用，包括固定资产修理支出、租入固定资产的改良支出以及摊销期限在 1 年以上的其他待摊费用。长期待摊费用也是根据权责发生制原则产生的科目，它将受益于不同期间的费用分别摊销，未摊销部分作为资产列报。此外，长期待摊费用需在附注中按照费用项目披露其摊余价值、摊销期限、摊销方式等。

（9）递延所得税资产是因为税法与会计的差异而产生的一项可以在未来抵税的资产，如果要准确理解这一科目，不仅要了解会计利润表的编制，还需要对税法中企业所得税的计算原理和两者之间的差异有充分的理解。限于篇幅，这里不做详细介绍。

2.2 负债的分类及含义

负债按照流动性不同分为流动负债和非流动负债。

2.2.1 流动负债

流动负债是指企业将在 1 年或超过 1 年的一个营业周期内偿还的债务。流动负债与流动资产是密切相关的，通过两者的比较可以大致了解企业的短期偿债能力和清算能力。流动负债包括：短期借款、交易性金融负债、应付票据、应付账款、预收账款、合同负债、应付职工薪酬、应交税费、其他应付款、持有待售负债、1 年内到期的非流动负债。

（1）短期借款是指企业根据生产经营的需要，从银行或其他金融机构借入的偿还期在 1 年以内的各种借款。与短期借款相对应的是长期借款。短期借款一般用于企业的生产经营，是企业经营流动性的有效补充。

（2）交易性金融负债是指企业采用短期获利模式进行融资所形成的负债，如应付短期债券。对于交易双方来说，甲方的金融债权就是乙方的金融负债，由于融资方需要支付利息，因此，就形成了金融负债。交易性金融负债与交易性金融资产是同一交易的正反面，对于资金融入方来说是交易性金融负债，对于资金融出方来说是交易性金融资产。而衍生金融工具是在传统金融工具中派生出来的新型金融工具，其价值依赖于标的资产价值变动的合约，如期货、期权、远期合约等。对应的报表列报科目分别是衍生金融资产和衍生金融负债。

（3）应付票据是由出票人出票，付款人在指定日期无条件支付特定金额给收款人或者持票人的票据。在我国，商业票据主要有银行承兑汇票和商业承兑汇票两种，一般期限不超过12个月。应付账款是指因购买材料、商品或接受劳务供应等而发生的债务。应付账款区别于其他应付款的要点在于：应付账款是因采购生产经营所需的原材料、商品或劳务而产生的，它与生产采购密切相关。财务报表中的“应付票据”科目应根据应付票据的期末余额数填列；而财务报表中的“应付账款”科目应根据应付账款与预付账款的期末贷方余额合计数填列（应付账款的借方合计数应重分类至预付账款列示）。

（4）预收账款是买卖双方协议商定，由购货方预先支付一部分货款给供应方而发生的一项负债。同“预付账款”一样，实务中，可以不使用该科目，而是通过“应收账款”的贷方进行核算。

（5）合同负债是指企业已收或应收客户对价而应向客户转让商品的义务，如企业在转让承诺的商品之前已收取的款项。合同负债反映的是履约义务与客户付款之间的关系，这是与预收账款的本质区别，即在一项预收款不构成履约义务时，通过“预收账款”来核算。预收账款在通常情况下也不能核算未实际收到的款项，但是合同负债可以就有权利收取但尚未收取的款项提前进行账务处理。

（6）应付职工薪酬是企业根据有关规定应付给职工的各种薪酬。薪酬福利包括短期福利、离职后福利、辞退福利和其他长期职工福利。根据权责发生制的要求，企业需要按照受益期计提当期薪酬，实际兑付与计提的差异就要通过“应付职工薪酬”科目来列报。短期薪酬包括工资、社保、非货币性福利等。短期薪酬往往有当月计提和次月支付的差异，而离职后福利、辞退福利和其他长期职工福利的时间性差异往往周期更长，员工对企业的贡献都是在在职期间通过产品的最终售出予以体现，因此将员工在职期间所有需要企业未来负担的福利予以按期计提，能够体现真实的成本收入配比关系，充分反映企业实际经营情况。

（7）应交税费是企业必须按照国家规定履行的纳税义务，对其经营所得依法缴纳的各种税费。这些应缴税费应按照权责发生制原则进行确认、计提，在尚未缴纳之前暂时留在企业，形成一项负债，即应交未交税费。应交税费包括企业依法交纳的增值税、消费税、企业所得税、资源税、土地增值税、城市维护建设税、房产税、土地使用税、车船税、教育费附加、矿产资源补偿费、印花税、耕地占用税等税费，以及在上缴国家之前，由企业代收代缴的个人所得税等。应交税费与应付职工薪酬一样，都是属于企业计提与支付的时间性差异而产生的一项负债。

（8）其他应付款是指与企业的主营业务没有直接关系的应付、暂收其他单位或个人的款项，如暂收押金、存入保证金、职工未按期领取的工资等。其他应付款与应付账款的核算差异就在于：前者是核算企业在商品交易业务以外发生的应付和暂收款项。

（9）持有待售负债与持有待售资产相关，反映的是资产负债表日处置组中与划分为持有待售类别的资产直接相关的负债的期末账面价值。持有待售资产和持有待售负债不应当互相抵消列示。

（10）1 年内到期的非流动负债是反映企业各种非流动负债在 1 年之内到期的金额，包括 1 年内到期的长期借款、长期应付款和应付债券。“1 年内到期的非流动负债”与“1 年内到期的非流动资产”一样，在财务报表中的列报都属于报表重分类，即将长期借款、长期应付款等非流动负债中即将于 1 年内到期的部分在财务报表中单独列示，从而便于信息使用者更加准确地理解长期负债的构成，了解企业不同期间面对的偿债压力，正确评估债务风险。

2.2.2 非流动负债

非流动负债又称为长期负债，是指偿还期在 1 年以上的债务。非流动负债的主要项目包括长期借款、应付债券、长期应付款、预计负债和递延收益等。非流动负债主要是企业为筹集长期投资项目所需资金而发生的，比如企业为购买大型设备而向银行借入的中长期贷款等。

（1）长期借款是企业从银行或其他金融机构借入的期限在 1 年以上的借款。长期借款在期末财务报表的列报需要扣除 1 年内到期的部分，信息使用者如需了解长期借款的更多信息，就需要结合附注阅读，附注中会披露借款的性质、到期时间、抵押物等信息。

（2）应付债券是指企业为筹集长期资金而实际发行的期限超过 1 年的债券，它是企业筹集长期资金的一种重要方式。企业发行债券的价格受同期银行存款利率的影响较大，一般情况下，企业可以按面值发行、溢价发行、折价发行债券。企业发行的可转换公司债券也在该科目下核算，不同的是，可转换公司债券在初始计量的时候会拆分为负债成分和权益成分，只有负债成分确认为应付债券，权益成分则确认为其他权益工具。

（3）长期应付款是除了长期借款和应付债券以外的其他多种长期应付款。主要有应付补偿贸易引进设备款和应付融资租入固定资产租赁费等。长期应付款与长期应收款一样，实质是具有融资性质的一种付款方式，其中的融资费用通过“未确认融资费用”，每期结合实际利率计算转入当期损益。在实务中，实际利率需要企业财务人员根据市场情况进行计算确认，长期应付款需要根据长期应付款的科目余额减去未确认融资费用的科目余额，再减去将于 1 年内到期的长期应付款的差额列报。具体计算逻辑可见表 2-2 的 G 公司长期应付款的列报。

（4）预计负债的概念与企业的或有事项有关，或有事项在满足一定的条件下会形成企业的或有资产和或有负债。与或有事项有关的义务在满足以下三个条件时，可以确认为或有负债，通过“预计负债”进行核算。

①该义务是企业承担的现时义务。

②该义务的履行很可能导致经济利益流出企业，这里的“很可能”指发生的可能性为大于 50%，且小于或等于 90%。

表 2-2　G 公司长期应付款的列报

单位：元

项目	20×5. 6. 30			20×4. 12. 31		
	账面余额	坏账准备	账面价值	账面余额	坏账准备	账面价值
融资租赁款	16,879,032.67	676,026.07	16,203,006.60	16,253,868.77	704,655.46	15,549,213.31
减：未实现租赁收益	3,358,511.59		3,358,511.59	2,160,759.53		2,160,759.53
分期收款销售商品	195,697,435.91	8,359,384.65	187,338,051.26	203,322,436.06	8,510,932.66	194,811,503.40
减：未实现融资收益	31,087,594.94		31,087,594.94	33,103,783.00		33,103,783.00
合计	178, 130, 362. 05	9, 035, 410. 72	169, 094, 951. 33	184, 311, 762. 30	9, 215, 588. 12	175, 096, 174. 18

③该义务的金额能够可靠地计量。

或有事项包括但不限于：未决诉讼、未决仲裁、债务担保、产品质量保证、亏损合同等。同样的，要了解企业的或有负债详细信息，需要结合附注阅读财务报表。附注中详细披露了或有负债的种类、原因、经济利益很可能流出企业的说明，以及期初、期末和本期变动情况。预计负债与其他应付科目的最大区别在于：与预计负债相关的未来支出的时间或金额具有一定的不确定性。

（5）递延收益是指尚待确认的收入或收益，也可以说是暂时未确认的收益，它是权责发生制在收益确认上的运用。与国际会计准则相比较，在中国会计准则和《企业会计制度》中，递延收益应用的范围非常有限，主要体现在租赁准则和收入准则的相关内容中，主要应用于政府补贴的收入确认。政府补贴中的与资产相关的收入需要按照受益期通过“递延收益”科目分期转入当期损益。因此递延收益和合同负债，一般都是在将来向对方发送商品或提供劳务时，转为收入并予以确认，因此都属于过渡性科目。但是合同负债是在发送商品或提供劳务时一次转为收入，而递延收益是在对外提供劳务时，分期转为收入或收益，即递延收益一般需要在未来期限内合理地进行分摊，分摊周期通常在 1 年以上，从而形成一项长期负债。

2.3 理解企业的“权益”

“权益”即所有者权益，衡量所有者或新增投资者投入及累计收益情况，是企业自有资本的反映。所有者权益主要包括实收资本（股本）、资本公积、其他权益工具、其他综合收益、盈余公积和未分配利润等科目，其中盈余公积和未分配利润统称留存收益。

（1）实收资本（股本）是投资者投入的资本形成法定资本的价值，所有者向企业投入的资本，在一般情况下无须偿还，可以长期周转使用。股份有限公司使用“股本”，其他企业使用“实收资本”，投资者通常按照投入的资本比例或股份所占比例进行公司的重大决策。投资者投入的资本的形式多种多样，可以是现金、其他有形资产，符合条件的情况下还可以是无形资产等。

（2）资本公积是企业收到投资者的超出其在企业注册资本（或股本）中所占份额的投入，以及直接计入所有者权益的利得或损失等。资本公积与企业收益无关而与资本相关。资本公积从本质上讲属于投入资本的范畴，由于我国采用注册资本制度等原因导致了资本公积的产生。《公司法》等法律规定，资本公积的用途主要是转增资本，即增加实收资本（或股本）。虽然资本公积转增资本并不能导致所有者权益总额的增加，但资本公积转增资本，一方面，可以改变企业投入资本结构，体现企业稳健、持续发展的潜力；另一方面，对股份有限公司而言，它会增加投资者持有的股份，从而增加公司股票的流通量，进而激活股价，提高股票的交易量和资本的流动性。此外，对于债权人来说，实收资本是所有者权益最本质的体现，是其考虑投资风险的重要影响因素。在银行授信的额度上，通常都会结合企业实收资本的金额和实收资本的到位率考虑。所以，将资本公积转增资本不仅可以更好地反映投资者的权益，也会影响到债权人的信贷决策。

（3）其他权益工具通常用于金融工具的拆分，前面已经介绍过，不再赘述。

（4）其他综合收益是企业根据其他会计准则规定未在当期损益中确认的各项利得和损失。说得通俗一点，“未在当期损益中确认”也就是说其本身就不构成当期净利润，但是有可能在未来相当长的一段时间转化为利得或损失。比如，企业的自用房地产通常以成本价计量，如果企业试图将自用房产地转为按公允价值计量，按照会计准则的要求，在房价升值较多的情况下，会产生大量的溢价，而溢价的部分就需要使用“其他综合收益”计量，待到企业真正处置该房地产时，才将溢价的部分再转为处置时的损益。这样做的目的在于避免企业通过持有资产用途的改变，在资产实质性出售前直接影响当期利润，但与此同时，其他综合收益毕竟也是潜在的未来利润，因此其他综合收益，是为了让资产和负债更准确地体现现实的市场价值，而记录这些暂时性的未实现的价值的变动。

（5）公司制的盈余公积分为法定盈余公积和任意盈余公积，根据公司法等有关法律的规定，企业当年实现的净利润一般应当按照如下顺序进行分配。

①按照公司税后利润的 10% 提取法定公积金，但公司法定公积金累计额为公司注册资本的 50% 以上，可以不再提取法定公积金。

②提取任意公积金，经公司股东会或股东大会决议，可以在提取法定公积金后，再从税后利润中提取任意公积金。

③向投资者分配利润或股利。

（6）未分配利润是企业留待以后年度进行分配的结存利润。未分配利润有两层含义：一是留待以后年度处理的利润；二是未指明特定用途的利润。相对于其他所有者权益项目来说，企业对于未分配利润的使用分配有较大的自主权。未分配利润在以后年度可继续进行分配，在未进行分配之前，属于所有者权益的组成部分。从数量上来看，未分配利润是期初未分配利润加上本期实现的净利润，减去提取的各种盈余公积和分出利润后的余额。

2.4 资产负债表的“平衡”之道

通过前面的介绍，我们知道资产负债表由资产、负债、所有者权益构成，而企业资产的来源无外乎两个方面，一个是自有资金的投入，一个是外部的负债，即资产 = 负债 + 所有者权益。这一等式不仅仅是企业资金上的平衡，也是企业整体资产状况上的平衡。正是基于这一“平衡”之道，才有我们后面要介绍的资产负债率、权益负债率、杜邦分析体系等指标的应用。同时，在不存在留存收益转增资本和分配利润或股利的情况下，利润表中的归属于母公司所有者的当期净利润等于资产负债表留存收益本期数与上期数的差。也就是说，资产负债表的留存收益科目，反映了企业累计的经营、分配成果，是投资者投入回报的体现。

现金流量表和所有者权益变动表也是对资产负债表中“货币资金”和“所有者权益”的全面反映，相互之间也有相应的平衡关系。在编制和阅读财务报表的同时，关注报表内部及报表之间的平衡关系，既有助于我们验证报表的编制准确性，也有助于我们更好地阅读和分析财务报表及其相关信息。

第三章

利润表——企业经营成果的反映

利润表是反映企业在一定会计期间经营成果的报表。由于它反映的是某一期间的情况，所以，又被称为动态报表。有时，利润表也称为损益表、收益表。因此我们经常说的计入当期损益，实际就是进入了当期利润表的相应项目。新会计准则下的利润表分为收入与成本、营业利润、营业总额、净利润、其他综合收益、综合收益总额、每股收益等七个部分。

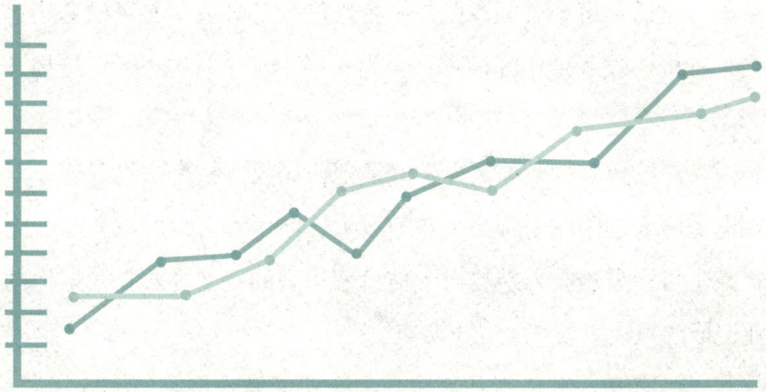

3.1 收入的构成

收入是指企业在日常活动中形成的、会导致所有者权益增加的、与所有者投入资本无关的经济利益的总流入。其中，日常活动是指企业为完成其经营目标所从事的经常性活动以及与之相关的其他活动，这是区别于营业外收入的重要特点。收入是企业日常经营活动中重要且可靠的资金来源，企业一切活动的最重要经营目标就是将产品或服务转化为收入，产品或服务的品质是企业的生命力，而展示企业生命力的途径是通过销售产品或服务实现收入，两者相辅相成，缺一不可。通常，潜在投资者非常看重收入指标的含金量，因为收入的质量和增长幅度决定了企业的市场占有率和发展潜力，同时也是最有质量的资金流入或未来资金流入。信息使用者应该从收入着手，区分不同业务、不同时期的收入数据，以不同的维度进行分析，比如（包括但不限于）结构分析、趋势分析、收入毛利率分析、驱动因素分析……每种收入分析的方法不一定适合每个公司，但是有个维度大部分公司都可以套用，那就是收入结构分析。收入结构分析常见分为 3 种：客户结构、区域结构、产品（业务线）。

例如，客户结构分析，顾名思义就是把公司收入按客户维度展开。很多上市公司财务报表的附注里都会公布前五大、前十大客户的收入和占比，从信息的披露上可以看出收入结构对于信息使用者的重要性。收入结构过于狭窄对企业造成的风险主要在于以下两点。

①收入集中在某一家或者几家客户，企业通常会面临较大的经营风险。

这是因为，在面临上述客户集中的情况下，企业很容易失去谈判的筹码，地位相对比较被动，因为过分依赖，客户通过优势地位可以压低产品价格或要求提升产品（服务）质量等方式，挤压公司的利润空间。

②企业营销拓展能力有限或产品过分单一。收入过度依赖单一客户，说明企业要么拓展渠道受阻，或可能产品功能单一，企业的独立性通常会受到投资者的严重挑战。

例如，B 公司是一家科创板的 IPO 公司，由表 3-1 可以看出，B 公司收入过分依赖A公司，自2016年开始B公司对A公司的收入占比都在70%以上，B 公司的毛利率也从 2016 年的 19% 下降至 13.4%，且 B 公司在 IPO 的过程中因为对重要客户存在重大依赖，所以屡次被质询。

表 3-1 B 公司收入客户结构

单位：万元

类 别	2016 年	2017 年	2018 年	2019 年 1—3 月
前五大客户销售额	13,301.01	32,298.76	58,763.88	14,690.92
前五大客户收入占比	79%	91%	90%	91%
A 公司销售额	13,064.70	29,310.76	52,946.32	11,295.75
A 公司收入占比	77%	82%	81%	70%

对于收入的分析向来也是企业内部最重要的决策依据，企业通过回顾收入指标的完成情况，指导下一步的经营工作，并通过预算为未来的经营计划匹配相应的资源，因此对于收入不同维度的分析应该成为信息使用者阅读财务报表的切入点。在使用财务分析工具时，我们会经常用到收入数据。

此外，新的会计准则对收入部分的准则做了重大调整，新的收入准则涵盖了多个行业，核心内涵则将收入确认的标准由“风险报酬转移”改为“控制权的转移”。

3.2 成本费用的构成

成本是按一定的产品或劳务对象所归集的费用。成本是商品经济的价值范畴，是商品价值的组成部分。费用是企业在日常活动中发生的会导致所有者权益减少的、与向所有者分配利润无关的经济利益的总流出。费用在利润表中又具体分为销售费用、管理费用、研发费用和财务费用。费用与成本其实都是企业日常活动的利益流出。两者的不同之处在于核算方法不同，成本（指营业成本）是在收入确认时配比确认的，如果收入没有实现，成本就不能结转；费用的发生和确认是以发生时点为依据的，当月发生当月确认，当天发生当天确认，没有跨期一说。而成本就可以跨月甚至跨年确认，理论上，只要没卖掉就可以永远在存货里放着。比如：企业为销售某商品花费的销售费用可以在发生的当月确认损益，而与商品生产直接相关的生产成本则必须在商品销售收入确认的同时确认为一项成本，这个确认的时间可能是下个月，也可能是未来某一年。

我们在对企业成本和费用的分析上，可以按产品类别、成本项目，采取对比分析法或因素分析法，正确评价企业成本计划的执行结果，揭示不同成本项目升降的原因，从而在某种程度上评价企业经营效率和管理水平。

表 3-2 R 公司 2019 年成本执行对比表

单位：万元

序号	项目租金	预算	执行	差额	百分比
1	营业成本	5,620.6	4,152.7	−1,467.9	74%
2	税金及附加	61.8	36.2	−25.6	59%
3	营销费用	1,553.2	886.2	−667	57%
4	管理费用	5,636.5	4,842.6	−793.9	86%
5	财务费用	39.0	17.8	−21.2	46%
6	资产减值损失	0.0	0.0	0.0	—
7	营业外收支	5.2	89.8	84.6	1,727%
8	利润总额	638.6	368.6	−270	58%
9	折旧摊销	137.6	65.7	−71.9	48%
10	项目租金	1,085.3	794.5	−290.8	73%
11	管理利润	1,861.6	1,228.8	−632.8	66%

表 3-2 是 R 公司对照自身成本项整理的 2019 年预算和实际数的对比，通过分析每个成本费用大项的预算差异额和使用率，可以看出企业的预算管控能力。在具体分析每个成本费用项目时，我们还可以深入地对各部门、各分项进行权责明晰的考核。

此外对于成本费用的分析还应多注意成本费用与收入之间，以及成本费用内部之间的相互联系，比如某企业收入大幅增长，理论上相应的成本、销售费用都应该随之大幅增加；再比如某生产企业今年产出大幅增加，在排除生产率大幅提高的可能后，相应的能源费、人员薪酬、原料的采购等方面都应该有大幅的增加；如果上述正向变动关系出现异常，信息使用者需要在信任并分析报表数据之前找出相应原因来佐证数据的合理性，否则我们有理由怀疑数据之间的正确性。

3.3 不同“利润”的含义

在我们的利润表中，有三种利润指标，分别是营业利润、利润总额和净利润。

（1）营业利润，是指企业从事生产经营活动中取得的利润，是企业利润的主要来源。

营业利润 = 营业收入 − 营业成本 − 税金及附加 − 销售费用 − 管理费用 − 研发费用 − 财务费用 − 资产减值损失 + 公允价值变动收益（− 公允价值变动损失）+ 投资收益（− 投资损失）+ 资产处置收益（− 资产处置损失）+ 其他收益

营业利润反映企业正常经营的税前收益。

（2）利润总额，是“亏损总额”的对称。企业在一定时期内通过生产经营活动所实现的最终财务成果。

利润总额 = 营业利润 + 营业外收入 − 营业外支出

其中，营业外收入主要包括非流动资产处置利得、非货币性资产交换利得、出售无形资产收益、债务重组利得、企业合并损益、盘盈利得、因债权人原因确实无法支付的应付款项、政府补助、教育费附加返还款、罚款收入、捐赠利得等。营业外支出是指企业发生的与企业日常生产经营活动无直接关系的各项支出，包括非流动资产处置损失、非货币性资产交换损失、债务重组损失、公益性捐赠支出、非常损失、盘亏损失等。利润总额在营业利润的基础上增加了非日常经营活动性损益。

（3）净利润是指企业当期利润总额减去所得税后的金额，即企业的税后利润。所得税是指企业将实现的利润总额按照所得税法规定的标准向国家计算缴纳的税金。它是企业利润总额的扣减项目。净利润则是扣除所得税的影响后税后的净收益。

$$净利润 = 利润总额 - 所得税费用$$

这三种不同的"利润"分别从不同维度反映企业的经营成果。对于有些上市公司，营业利润大幅亏损，但通过营业外收入的调节，最终利润总额和净利润为盈利的情况，还是值得信息使用者多加关注的。

例如，2019 年 4 月，H 公司公告称，拟出售位于上海市的 36 套闲置房产和位于海口市的 81 套闲置房产。一个月后，H 公司再次公告，拟出售位于海口市的 269 套住宅和 15 套商铺。两次下来合计卖房 401 套，收入金额 3.34 亿元，影响合并报表净利润 1.7 亿元。11 月 23 日，H 公司发布关于出售部分闲置房产的进展公告，称上半年计划出售的位于上海和海口的 401 套房产已销售 318 套，带来应收款 1.47 亿元，已收款 1.2 亿元，对合并报表净利润的影响金额为 0.74 亿元。按照 2019 年 5 月 23 日发布的公告，通过出售这 401 套房，H 公司预计资产处置金额为 3.33 亿元，预计实现合并报表净利润 1.7 亿元。此前，H 公司连续两年亏损，已经被实施退市警示，2018 年更是亏损达到 16 亿元。

如果仅仅看 H 公司净利润的预计实现数 1.7 亿元，似乎大幅扭亏为盈，但了解了不同利润指标的真实含义，信息使用者又会如何评价 H 公司 2019 年的经营水平呢？显然，这种卖房赢利，从而达到保壳目的的行为，只能从侧面说明日常经营的艰难。

此外，在净利润层面，根据财政部 2017 年《关于修订印发一般企业财务报表格式的通知》，自 2017 年度财务报表起，新增“1. 持续经营净利润”和“2. 终止经营净利润”项目，分别反映净利润中与持续经营相关的净利润和与终止经营相关的净利润；如为净亏损，以“-”号填列。两个项目应按照《企业会计准则第 42 号——持有待售的非流动资产、处置组和终止经营》的相关规定分别列报。终止经营为已被处置或被划归为持有待售的、于经营上和编制财务报表时能够在本集团内单独区分的组成部分。同时满足下列条件的组成部分划分为持有待售：本集团已经就处置该组成部分做出决议；本集团已经与受让方签订了不可撤销的转让协议；该项转让将在 1 年内完成。通过将净利润分为两部分进行列报，可以使得信息使用者清晰地了解企业正常经营产生的净利润，以区别于处置资产产生的净利润，从而对企业净利润产生的结构和成色有更充分的理解。

3.4 新准则下的“其他综合收益”

其他综合收益在利润表、资产负债表、所有者权益变动表上均能反映，它反映的主要是非日常经营活动形成的利得和损失，最终都会影响所有者权益。进入其他综合收益体现的是谨慎性。不同于净利润的是，利润表示公司已经实现的收益，比如卖掉东西实现的利润等，其他综合收益表现的更多是一项尚未实现的暂时性收益，可类比于炒股的浮盈浮亏。

例如，我们买入一只股票，买入价 10 元钱，现在价格变成 12 元了，那么我持有的资产就增加了 2 元钱，对应的净资产也增加了 2 元钱，记载增加的这 2 元钱净资产的科目就是其他综合收益。会计上把这种直接会增加或减少净资产，但又是暂时性的增加或者减少的内容，记在“其他综合收益”里，表示我们持有的可以变现但是还没有变现的收益。

通俗地说，净资产包括我们持有的原始资本 + 挣的钱 + 长期资产浮盈浮亏。

原始投入=股本+资本公积

挣的钱=留存收益=未分配利润+盈余公积

长期资产浮盈浮亏=其他综合收益（多数情况下）

其他综合收益具体项目可参见表1-4，分为以下两大类。

（1）不能重分类进损益的其他综合收益，主要包括重新计量设定受益计划变动额、权益法下不能转损益的其他综合收益、其他权益工具投资公允价值变动、企业自身信用风险公允价值变动等。

（2）将重分类进损益的其他综合收益，主要包括权益法下可转损益的其他综合收益、其他债权投资公允价值变动、金融资产重分类计入其他综合收益的金额、其他债权投资信用减值准备、现金流量套期储备、外币财务报表折算差额、自用房地产或作为存货的房地产转化为以公允价值模式计量的投资性房地产在转换日公允价值大于账面价值的部分等。

尽管上述分类很专业且难懂，但大多数信息使用者了解其他综合收益的核算实质就可以做出正确判断了。读懂其他收益，第一看金额，第二看性质和来源。金额体现重要程度，如果金额较大，在衡量未来的利润分配能力时需加以考虑。金额也要看相对值，相对值主要与利润去比较，尤其要关注处于盈亏临界点的企业。不同的事项反映不同的经济内容，需要信息使用者从业务实质角度进行判断。

利润表的“六、综合收益总额”项目是反映企业净利润与其他综合收益的合计金额，不再赘述。至于“七、每股收益”我们将在第五章熟悉“股本”的相关概念后专门介绍。

第四章

现金流量表——企业生存能力的反映

现金流管理，是企业财务管理中很重要的环节，很多企业破产倒闭，并不是因为盈利能力出问题了，而是因为资金链出问题了，没有充足的现金流应对企业日常开支，即使运营的项目再有前景，也不得不接受失败的结果。

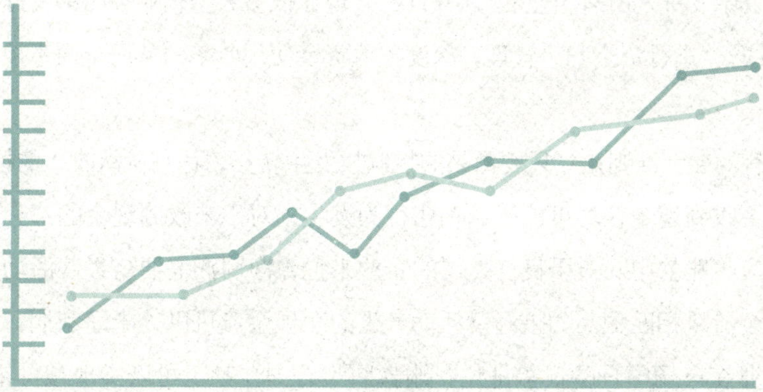

4.1 从利润表的缺陷认识现金流量表

利润表反映的是企业的盈利能力，但是盈利能力和收现能力可以不相关。例如，一家企业全年的销售额全部是赊销，仍然可以构成非常好看的营业收入和净利润。但这意味着这家企业全年的成本和费用都需要股东“自掏腰包”，一旦资金跟不上就很有可能经营失败，这就是我们通常说的“盈利但不赚钱”，即没有拿到实实在在的现金，这样的经营模式显然不可持续。企业存在是要能够盈利的，然而盈利又不仅仅是利润表中披露的净利润，更需要实实在在的能够产生现金流的盈利。企业经营者和投资者也都需要实时盯住现金流，从而能够在资金收支方面进行实时决策。企业现金流分为资金流入和资金流出，企业无论在任何环境下都需要不断地开源节流，效益好扩大规模需要资金流入，效益不好收入下降更需要资金流入，实时掌控现金流量，合理规划资金安排是所有企业的“必修课”。现在很多大型企业集团都安排“收支两条线”，进行资金归集管理，深度挖潜资金使用效率，从而全面掌控企业的命脉——资金。

现有的会计准则是：只要商品的控制权发生转移，达到确认收入的标准，无论是否收到现金，均可以确认销售行为发生，对于未收到现金的部分可以记录在应收账款中。对于良性发展的企业来说，净利润需要与经营活动产生的净现金流量相匹配。如果经营活动产生的净现金流可以大于净利润，通常表明企业在市场中具备优势地位，账款回收有力，甚至可以实现预付销售，这通常体现了企业强大的竞争力，表明公司可以通过占用上下游的现金来进行经营。反之，如果净利润和经营活动产生的净现金流发生严重背离，则可能预示着企业弱势的竞争地位。

例如，G公司，主营贵金属（含金）信息功能材料、环保材料、高纯材料、电气功能材料及相关合金、化合物的研究、开发、生产、销售，以及含贵金属（含金）物料综合回收利用，所处行业为贵金属工业材料制造行业，属国家重点支持的新材料领域。2018年3月22日，G公司公告2017年年度报告。报告显示，2017年业绩大增，全年累计实现收入1,544,150万元，同比增加43.33%，实现净利润11,932万元，同比增加43.72%。2017年公司在贵金属新材料市场的份额进一步提高，集中体现在汽车行业、半导体行业及化学化工行业，产品销量大幅增长。总资产、净资产稳步提升，公司业绩整体呈现出和谐美满的大好景象。然而与收入和净利润大幅增长不相匹配的是，公司2017年经营活动净现金流−9.41亿元，而同期G公司2016年的经营活动净现金流为0.33亿元。即随着销售和净利润的大幅增加，经营活动现金流量却在大幅下降。

进一步分析报告发现，2017年全年，公司存货增加10.14亿元，增幅93.98%，2017年末存货金额超过了20亿元。存货增幅已经超过了收入的增幅。据此我们判断，大量库存积压成为经营活动净现金流为负的最主要原因。此外，应收票据、应收账款的增幅也远远超过了应付票据、应付账款的增幅。这意味着占用供应商款项的节奏比被客户拖欠货款的步伐要更慢，上述因素是造成G公司经营活动现金流为负数的原因。

再看筹资活动。流动负债增加近10.8亿元，非流动负债增加6.09亿元，全年新增负债总额近31.79亿元。同比2016年负债总额14.92亿，增加了16.87亿。与此同时现金流量表中的筹资活动现金净流量为11.62亿，被用于了经营活动和投资活动。

2017年公司投资活动净现金流为负数，2017年末的固定资产比2016年也仅仅增加了近1亿元。不难看出，企业外部筹集的资金，基本上都用到了经营周转上。长期借款增加的6.09亿元，也大多被企业用于短期经营开支。

综上所述，G公司2017年业绩的大幅提升是与公司经营活动现金流量净额严重不匹配的，甚至在经营活动现金流的管理效率上比2016年也是大幅降低的。G公司在2018年经营活动现金流稍许改善后，截至2019年9月，经营活动现金流仍旧为−3.9亿元，同比2018年下降555%。对此，G公司在附注中描述的原因为：销售规模扩大造成的应收账款增加和存货占款增加。这与我们之前的分析大体一致。G公司在账款回收、运营管理上还有挖潜空间。

现金流量表围绕企业获取现金的能力，从经营、投资、筹资三个维度展开，并回答了信息使用者这三个问题：投资的获现能力，企业的资金结构，企业三大活动的资金来源和去向。在现金流量表中，企业的净现金流量的增减变化是由经营活动现金流量、投资活动现金流量、融资活动现金流量组合而成。由于现金是企业赖以生存的基础，所以通过对现金流量表的各个项目不同期间现金状况的持续分析，我们可以得到很多关于企业经营状况有价值的信息，这种分析对深入了解企业的经营状况很重要。

4.2 经营活动产生的现金流量

经营现金流量是最重要的现金流，只有经营活动现金流量持续为“+”，企业的经营状况才是稳定且可持续的。经营活动产生的现金流量主要由以下主要项目构成。

（1）销售商品、提供劳务收到的现金。反映企业销售商品、提供劳务实际收到的现金（包含销售收入和应向购买者收取的增值税税额），包括本期销售商品、提供劳务收到的现金，以及前期销售商品和提供劳务本期收到的现金和本期预收的账款，减去本期销售本期退回的商品和前期销售本期退回的商品支付的现金。

（2）购买商品、接受劳务支付的现金。反映企业购买材料、商品、接受劳务实际支付的现金，包括本期购入材料、商品、接受劳务支付的现金（包括增值税进项税额）以及本期支付前期购入商品、接受劳务的未付款项和本期预付款项，减去本期发生的购货退回收到的现金。

（3）收到其他与经营活动有关的现金。反映企业收到的其他与经营活动有关的现金流入，如罚款收入、经营租赁固定资产收到的现金、投资性房地产收到的租金收入、除税费返还外的其他政府补助收入、流动资产损失中由个人赔偿的现金收入等。它与销售商品、提供劳务收到的现金的显著区别是，是否来源于企业的主营收入。

（4）支付给职工以及为职工支付的现金。反映企业实际支付给职工，以及为职工支付的现金，包括本期实际支付给职工的工资、奖金、各种津贴和补贴等，以及为职工支付的其他费用。不包括支付给在建工程人员的工资等。

（5）支付的各项税费。反映企业按规定支付的各种税费，包括本期发生并支付的税费，以及本期支付以前各期发生的税费和预缴的税金。不包括本期退回的增值税、所得税。本期退回的增值税、所得税等，在“收到的税费返还”项目反映。

（6）支付其他与经营活动有关的现金。反映企业除上述各项目外，支付的其他与经营活动有关的现金流出，如罚款支出、支付的差旅费、业务招待费、保险费、经营租赁支付的现金等。包括支付的其他管理费用和支付的其他销售费用等。

4.3 投资活动和融资活动产生的现金流量

4.3.1 投资活动现金流量

投资活动现金流量是指企业长期资产（通常指1年以上）的购建及其处置产生的现金流量，包括购建固定资产、长期投资现金流量和处置长期资产现金流量，并按其性质分项列示。投资活动现金流量是指企业长期资产的购建和不包括现金等价物范围在内的投资及其处置活动产生的现金流量。具体包括以下项目。

（1）收回投资所收到的现金。反映企业出售、转让或到期收回除现金等价物以外的短期投资、长期股权投资而收到的现金，以及收回长期债权投资本金而收到的现金。不包括长期债权投资收回的利息，以及收回的非现金资产。

（2）取得投资收益所收到的现金。反映企业因各种投资而分得的现金股利、利润、利息等。

（3）处置固定资产、无形资产和其他长期资产而收到的现金净额。反映企业处置固定资产、无形资产和其他长期资产所取得的现金，扣除为处置这些资产而支付的有关费用后的净额。由于自然灾害所造成的固定资产等长期资产损失而收到的保险赔偿收入，也在本项目反映。

（4）收到的其他与投资活动有关的现金。反映企业除了上述各项以外，收到的其他与投资活动有关的现金流入。其他现金流入价值较大的，应单列项目反映。

（5）购建固定资产、无形资产和其他长期资产所支付的现金。反映企业购买、建造固定资产，取得无形资产和其他长期资产所支付的现金，不包括为购建固定资产而发生的借款利息资本化的部分，以及融资租入固定资产支付的租赁费。借款利息和融资租入固定资产支付的租赁费，在筹资活动产生的现金流量中单独反映。企业以分期付款方式购建的固定资产，其首次付款支付的现金作为投资活动的现金流出，以后各期支付的现金作为筹资活动的现金流出。

（6）投资所支付的现金。反映企业进行各种性质的投资所支付的现金，包括企业取得的除现金等价物以外的短期股票投资、长期股权投资支付的现金、长期债券投资支付的现金，以及支付的佣金、手续费等附加费用。

（7）支付的其他与投资活动有关的现金。反映企业除了上述各项以外，支付的其他与投资活动有关的现金流量。其他现金流出如价值较大的，应单列项目反映。

4.3.2 筹资活动现金流量

筹资活动现金流量是指导致企业资本及债务的规模和构成发生变化的活动所产生的现金流量。包括筹资活动的现金流入和归还筹资活动的现金流出，并按其性质分项列示。筹资活动是指导致企业资本及债务规模和结构发生变化的活动，具体包括以下项目。

（1）吸收投资所收到的现金。反映企业收到的投资者投入的现金，包括以发行股票方式筹集的资金实际收到股款净额（发行收入减去支付的佣金等发行费用后的净额）、发行债券实际收到的现金（发行收入减去支付的佣金等发行费用后的净额）等。以发行股票方式等筹集资金而由企业直接支付的审计、咨询等费用，以及发行债券支付的发行费用在“支付的其他与筹资活动有关的现金”项目反映，不从本项目内扣除。

（2）借款所收到的现金。反映企业举借各种短期、长期借款所收到的现金。

（3）收到的其他与筹资活动有关的现金。反映企业除上述各项目外，收到的其他与筹资活动有关的现金流入，如接受现金捐赠等。其他现金流入如价值较大的，应单列项目反映。

（4）偿还债务所支付的现金。反映企业以现金偿还债务的本金，包括偿还金融企业的借款本金、偿还债券本金等。企业偿还的借款利息、债券利息，在“偿债利息所支付的现金”项目反映，不包括在本项目内。

（5）分配股利、利润和偿还利息所支付的现金。反映企业实际支付的现金股利、利润，以及支付给其他投资的利息。

（6）支付的其他与筹资活动有关的现金。反映企业除了上述各项外，支付的其他与筹资活动有关的现金流出，如捐赠现金支出等。其他现金流出价值较大的，单独列示反映。

4.4 现金流量表的相关财务分析

现金流对于企业的重要性不言而喻，加强对现金流量的预测和分析，对于企业来说可以有效地前置现金流管理，对于信息使用者来说可以预判企业现金收支趋势，了解企业收入“成色”和利润“含金量”，从而进一步分析企业的获利能力、偿债能力、整体财务状况。信息使用者可以从资金结构、获现能力、偿债能力、支付能力四个方面对现金流进行分析。

（1）现金流量的结构分析。企业的经营活动、筹资活动、投资活动均会产生现金流，三大活动各自的现金流构成了企业当期的资金状态，分析现金流的结构状态，就是分析其现金流入、现金支出以及现金净额的各个组成部分所占的比例，分析各个部分的重要性及其地位，了解企业当期资金的主要来源和投入方向。一般来说，经营活动现金收入、支出、净额比重大的企业，其生产经营是聚焦的，现金支出结构也较为合理。

（2）获取现金能力分析。获取现金的能力，通常为经营活动产生现金净流量与投入资源的比值，经营活动产生的现金净流量代表了企业利用投入资源创造现金流量的能力，它是企业一切经济活动所需的可持续的资金源泉，它的发展趋势与企业的未来经营状况紧密相关，是需要信息使用者予以高度关注的。而投入的资源可以是销售收入、总资产、净资产等，在分析时会用到以下比率。

①销售现金比率，该指标反映每一元销售所得到的现金，其数值越大，

获现能力越强。

销售现金比率 = 经营现金净流量 ÷ 销售收入

②总资产现金回收率，该指标反映每一元总资产所得到的现金，其数值越大，获现能力越强。

总资产现金回收率 = 经营现金净流量 ÷ 总资产

③净资产现金回收率，该指标反映每一元净资产所得到的现金，其数值越大，获现能力越强。

净资产现金回收率 = 经营现金净流量 ÷ 净资产

（3）偿债能力分析。与传统的偿债能力分析（第八章具体介绍）所不同的是，传统偿债能力分析基于资产负债表，因此反映的是未来的偿债能力，即假设所有的资产是可以变现的。而基于现金流量表的偿债能力分析，则只按照现有状态下的经营活动资金收入净额，是相对保守的偿债能力分析。两种角度的分析各有用处，比如对于即将到期的负债，企业预计没有足够时间将存货、应收账款等变现，则基于现金流量表的偿债能力分析更为稳妥。而基于资产负债表的偿债能力分析更适合在有一定期间，且企业预计能够将相应用于偿债的资产全部变现的情况下使用。这里偿债能力分析需要使用以下指标。

①现金流动负债比，反映企业偿付短期债务的能力。比值越高，企业保障短期债务的能力越强。

现金流动负债比＝经营现金净流量 ÷ 流动负债

②现金负债总额比，反映企业偿付所有债务的能力。比值越高，企业保障债务总额的能力越强。

现金负债总额比＝经营现金净流量 ÷ 负债总额

（4）支付能力分析。支付能力主要考察的是企业的自有资金支付率，如果企业经营活动和投资活动所需的资金全部来自于企业经营活动和投资活动的现金收入，说明企业的自有资金充足，不需要额外借债，即筹资活动的净现金流应为零或负数。但是自有资金是不是留存得越多越好，或者不借债是否真的是企业的最优选项？答案当然是否定的，通过适当借贷从而利用财务杠杆，在收益率跑赢成本率的前提下，可以大幅提高股东的投入回报率。如果企业账上留存了大量的闲置资金，或许也会被信息使用者解读为缺乏发展战略，后劲不足。当然，不同行业的合理自有资金支付率是不同的。一个合理的自有资金支付率不仅能满足企业的利润最大化，也能支撑起企业的发展战略。

综上所述，紧紧围绕企业的资金流量在不同活动中的变化，同时结合资产和利润结构对企业财务状况进行综合评价，可以为科学、合理地利用资金提供决策依据，最大限度地提高资金使用效率，也可以满足信息使用者全面深入了解企业资金状况并进行相应决策的需求。

第五章

所有者权益变动表——资本投入现状的反映

所有者权益变动表是反映公司本期（年度或中期）内截至期末所有者权益变动情况的报表（表 1-7），所有者权益变动表更全面地反映了：构成所有者权益的各个项目的变动规模与结构，变动趋势，反映公司净资产实力；会计政策变更，会计差错更正的幅度，反映其对所有者权益的影响数额；股权分置、股东分配政策、再筹资方案等财务政策对所有者权益的影响。

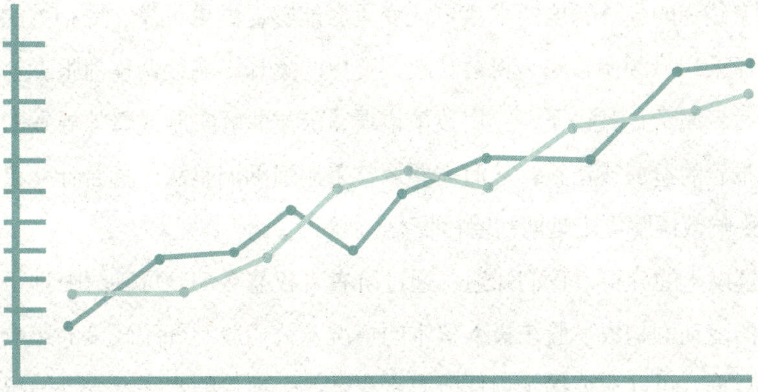

5.1 所有者权益变动表的内在逻辑

所有者权益变动表的内在逻辑可以通过下式反映。

本期所有者权益的变动额 = 净利润 + 直接计入所有者权益的利得 − 直接计入所有者权益的损失 + 会计政策和会计差错更正的累计影响数 + 股东投入资本 − 向股东分配利润 − 提取的盈余公积

其中，“净利润 + 直接计入所有者权益的利得 − 直接计入所有者权益的损失”是报表中的综合收益总额；“股东投入资本”和“向股东分配利润”属于因资本业务变动导致的所有者权益变动；“提取盈余公积”属于所有者权益内部的增减变动；“会计政策和会计差错更正”，前者属于国家法律和行政法规或国家统一的会计制度要求变更或变更后能够提供更可靠、更相关的会计信息从而采用追溯调整法，将会计政策变更的累计影响数调整列报期初留存收益，后者属于计算错误、应用政策错误、疏漏曲解实施或舞弊导致的对前期财务报表的遗漏或错报，从而需要调整采用追溯调整法，将会计差错导致的累计影响数调整更正至期初留存收益。

通过以上的分析，我们知道，通过所有者权益变动表可以清晰地了解本期权益的变动额构成、股东投入资本的情况及公司股利分配政策的影响。对比上期数据，可以充分揭示当期所有者权益各个项目的水平及变动情况，解释公司净资产变动的原因，从而进行相关决策。

所有者权益变动表各个项目的数据所蕴含的信息结合附注可以得到更好的了解，股本和资本公积在财务报表中只有金额的增减变动，在附注中则可以清晰地了解变化的原因；其他综合收益在附注中则可以清楚地了解到不同类别的综合收益结存数，以及本期转化为当期损益的项目和金额等信息，见表 5-1。

表 5-1 B 公司其他综合收益附注

单位：元

项目	20×6.12.31	本期发生金额					20×7.6.30
		本期所得税前发生额	减：前期计入其他综合收益当期转入损益	减：所得税费用	税后归属于母公司	税后归属于少数股东	
一、以后不能重分类进损益的其他综合收益	—	—	—	—	—	—	—
二、以后将重分类进损益的其他综合收益	-42,846.98	122,943.32	—	—	122,943.32	—	80,096.34

（续表）

项目	20×6.12.31	本期发生金额					20×7.6.30
		本期所得税前发生额	减：前期计入其他综合收益当期转入损益	减：所得税费用	税后归属于母公司	税后归属于少数股东	
可供出售金融资产公允价值变动损益	—	185,496.93	—	—	185,496.93	—	185,496.93
外币财务报表折算差额	−42,846.98	−62,553.61	—	—	−62,553.61	—	−105,400.59
其他综合收益合计	−42,846.98	122,943.32	—	—	122,943.32	—	80,096.34

注：新的准则要求将“可供出售金融资产公允价值变动损益”调整至“其他权益工具投资公允价值变动”。

通过表5-1不难看出，B公司其他综合收益的构成主要由可供出售金融资产公允价值变动损益和外币报表折算差额构成，两类综合收益的各自金额也一目了然，未来可以计入损益的金额为80,096.34元。

5.2 股利分配、股票分割、股票回购对权益的影响

打开上市公司的公告，我们经常会看到各种各样的股利分配、股票分割、股票回购信息，这些眼花缭乱的政策工具对所有者权益到底有何影响？

（1）股利分配。股利分配在我国通常有两种形式，分别是现金股利和股票股利。现金股利是以现金支付的股利，股票股利是公司以增发的股票作为股利的支付方式。实务中，现金股利和股票股利兼而有之的组合分配方式也不少见，甚至部分上市公司还同时叠加资本公积转增资本的方案。

在我国，上市公司股利分配的基本程序是：首先由公司董事会根据公司盈利水平和股利政策，制定股利分派方案，提交股东大会审议，通过后方能生效。在经过上述决策程序之后，公司方可对外发布股利分配公告，具体实施分配方案。由此可见，股利分配决策权属于股东大会。

现金股利需要企业准备充足的用于发放的资金和足够的留存收益，现金股利可以吸引到短期看重资金利益的股东；股票股利不涉及公司现金流，也不直接增加股东财富，不会导致公司资产的流出或债务的增加，同时也不增加公司的财产，但会引起所有者权益内部各个项目之间的增减变动。同时，如果盈利总额和市盈率不变，会由于普通股股数增加而引起每股收益和每股市价的下降。但由于股东持股的比例不变，因此每位股东所持股票的市场价值总额保持不变。股票股利可以降低公司的股价，吸引潜在投资者，且不影响公司的现金流。而资本公积转增股本与股票股利不同

之处在于：对所有者权益内部具体项目的影响不同，资本公积转增股本来源于资本公积，而股票股利的股本来源于留存收益；派发股票股利来自未分配利润，股东需要缴纳所得税，而资本公积转增股本股东不需要缴纳所得税。

（2）股票分割。股票分割是指将面额较高的股票换成面额较低的股票的行为。例如将原来的一股换成两股，股票分割不属于某种股利方式，但其产生的效果与发放股票股利近似。股票分割并不会影响所有者权益总额，也不会影响所有者权益内部结构。通常在上市公司股价暴涨的情况下，通过股票分割，增加股数，从而大幅降低公司股价，吸引更多的投资者。

（3）股票回购。股票回购是指公司出资购回自身发行在外的股票。公司回购股票可以用于减少注册资本、员工股权激励、用于可转换公司债券的转股等。股票回购时，公司以多余的现金购回股东所持有的股份，使流通在外的股份减少，每股股利增加，从而会使股价上升，股东能因此获得资本利得。这相当于公司支付给股东现金股利。因此，股票回购可以看作是现金股利的替代方式。

例如，某 B 公司净利润 750 万元，股本 100 万股，每股收益 7.5 元，市盈率 8，预计分红后每股市价 60 元。

①发放 400 万元现金股利，每股股利 =400 万元 ÷100 万股 =4 元，则普通股股东将有每股 60 元的股票和 4 元的现金股利。

②用 400 万元以每股 64 元的股价回购股票，回购股数 =400 万元 ÷ 64=62,500 股，每股收益 =750 万元 ÷（1,000,000 股 −62,500 股）=8 元，假设市盈率仍旧为 8，则每股股价 =8×8=64 元（每股股价 = 每股收益 × 市盈率）。

由此可见，现金股利和回购股票对股东而言是等效的。但是回购股票仍旧有着与现金股利截然不同的意义：公司回购股票向市场传递了公司股价被低估的信息，彰显了公司管理层对于公司股价的信心；当公司现金流明显超出所需投资项目时，用资金回购股票可以提高每股收益，同时降低管理层的代理成本；通过使用回购资金，调整公司资本结构，充分发挥财务杠杆的作用。

5.3 “每股收益”的解读

在利润表（表1-4）的第七部分中涉及一个很重要的财务指标——每股收益。这个指标之所以关键，是因为在后面的多个财务报表分析指标中都会用到，甚至在企业估值中也常被使用。在介绍完所有者权益变动表后，我们可以对它做详细解读。

每股收益是指普通股股东每持有一股普通股所能享有的企业净利润或需承担的企业净亏损。每股收益是用于反映企业的经营成果，衡量普通股的获利水平和投资风险，是投资者、债权人等信息使用者用以评价企业盈利能力、预测企业成长潜力，进而做出决策的关键指标之一。通过对同一行业内不同企业、同一企业不同期间的每股收益进行对比，可以了解企业盈利能力的水平与变化趋势。

每股收益包括基本每股收益和稀释每股收益。基本每股收益只考虑当期实际发行在外的普通股股份，而稀释每股收益的计算和列报主要是综合考虑企业发行在外的稀释性潜在普通股已转换为普通股，从而重新计算的每股收益，保证列报的严谨。

基本每股收益的计算逻辑相对简单。

每股收益＝归属于普通股股东的当期净利润 ÷ 发行在外普通股的加权平均数

其中：发行在外的普通股的加权平均数需要扣除公司的库存股，因为库存股不参与利润分配。为了便于初学者更好地了解发行在外的普通股如何按照时间加权平均，举例如下。

B 公司 2017 年年初发行在外的普通股为 20,000 万股；5 月 1 日新发行 10,000 万股，12 月 1 日回购 5,000 万股，以用于未来职工股权激励。该公司当年实现净利润 20,000 万元。则 2017 年每股收益计算如下。

发行在外的普通股的加权平均数 =20,000×12÷12+10,000×8÷12−5,000×1÷12=26,250 万股。

每股收益 =20,000÷26,250=0.76 元 / 股。

稀释每股收益的计算逻辑相对复杂，要了解稀释每股收益，首先要了解潜在普通股。潜在普通股是指赋予持有者在报告期或以后期间享有取得普通股权利的一种金融工具或其他合同。它的形式包括：可转换公司债券、认股权证、股份期权、公司承诺将回购其股份的合同等。稀释性潜在普通股是指假设当期转为普通股会减少每股收益的潜在普通股。稀释每股收益的计算，分母部分为发行在外普通股的加权平均数和假定稀释性潜在普通股转换为已发行普通股而增加的普通股股数的加权平均数之和；分子部分同样在归属于普通股净利润的基础上，考虑当期已确认为费用的稀释性潜在普通股的利息和转换的费用。

例如，B 公司归属于普通股股东的净利润为 3,000 万元，发行在外普通股加权平均是 6,000 万股，该普通股平均市场价格 6 元，2017 年 1 月 1 日，该公司对外发行认股权证 900 万份，行权日为 2018 年 3 月 1 日，每份认股权证可以在行权日以 5 元 / 股的价格认购本公司新发行的一股股份，该公司 2017 年每股收益计算如下。

基本每股收益 =3,000÷6,000=0.5 元 / 股。

调整增加的普通股股数 =900−900×5÷6=150 万股。

稀释每股收益 =3,000÷（6,000+150）=0.49 元 / 股。

信息使用者如果想进一步了解目标公司基本每股收益和稀释每股收益的计算过程，可以结合附注阅读，附注披露了详细的每股收益分子、分母的计算过程。

第六章

财务报表附注——财务报表的补充说明

财务报表作为一种国际通用的商业语言，在经济发展中显示出日益重要的作用，但就财务报表本身来说，其格式的固定性和以数字反映为主的特点，决定了它所表述的会计信息有一定的局限性，且不易为广大信息使用者所充分理解。财务报表附注（以下简称“附注”）是企业财务报表中的重要组成部分，披露的信息具有解释性、补充性和建设性。随着信息使用者的日益多元化和信息使用者对会计信息充分披露的客观要求，文字辅以数字且列示计算过程的表述，使得附注的作用越来越被认可。附注旨在帮助信息使用者深入了解基本财务报表的内容，是企业管理层对资产负债表、利润表和现金流量表的有关内容和项目所做的说明和解释。附注中的内容非常重要，主要包括：企业所采用的主要会计处理方法；会计处理方法的变更情况、变更的原因及对财务状况和经营业绩的影响；发生的非经常性项目；一些重要报表项目的明显情况；或有事项；期后事项；以及其他对理解和分析财务报表重要的信息。它是对财务报表的补充说明，是财务会计报告体系的重要组成部分。随着经济环境的复杂化以及人们对相关信息要求的提高，附注在整个报告体系中的地位日益突出。

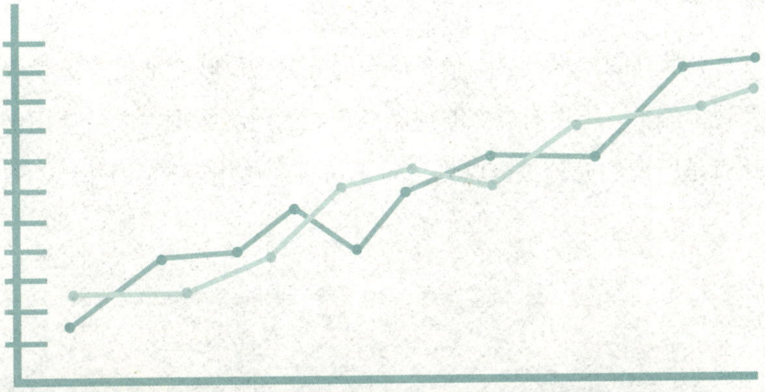

6.1 信息丰富的附注

附注信息的丰富性体现在它与财务报表充分相关，且起到了解释、补充、建议的作用，因此附注对信息使用者而言不仅是必要的，而且是重要的。

财务报表项目是被高度浓缩的会计信息，且由于经济业务的复杂性和企业在编制财务报表时可能选择了不同的会计政策，企业需要通过附注对财务报表的编制基础、编制依据、编制原则和方法及主要事项等进行解释，以此增进会计信息的可理解性。因此，附注是财务报表的有益解释，同时能够使不同企业的会计信息差异更具可比性，便于进行对比分析。

附注拓展、补充了企业财务信息的内容，打破了资产负债表、利润表、现金流量表和权益变动表的必须符合会计要素定义，又必须同时满足相关性和可比性的限制，突破了披露信息必须用货币加以计量的局限性。附注中的文字说明，辅以某些统计资料或定性信息，可弥补报表所展示信息的不足，从而能全面反映企业在各项数据后所隐藏的机会与风险，将数据价值充分体现出来，保证了信息的完整性，因此附注是财务报表的必要补充，对附注的充分理解有助于信息使用者全面了解企业财务状况和经营成果，从而做出相应的决策。

根据会计准则的要求，会计信息应全面充分地反映企业的财务状况、经营成果及现金流量，不得有意忽略或隐瞒重要的财务数据，以免使用者发生误解，这就是所谓的充分披露原则。对于信息的使用者，由于信息不对称，想要对企业有所了解，就必须依赖企业管理层所提供的财务报表及其相关信息。因此，会计准则对披露的准确性和充分性提出了较高的要求：从横向来看，只要是反映企业生产经营全貌的信息，不论有利或不利的，都应该予以披露；从纵向来看，不应只停留在披露对象的表面，而要进行深层次的揭示。而财务报表受到规范化、数字化等制约，无法满足上述信息披露的要求，因此附注信息的披露就显得尤为重要。附注相对来说比较灵活，可以弥补表内信息的局限性，使表内信息更容易理解，更加相关。

具体说来，由于财务会计在确认计量上有严格的标准，使得一些与决策相关的信息不能进入财务报表，忽视它们的存在，势必影响信息使用者做出正确的决策。如企业在期末的很多或有事项（无法判断的未决诉讼、对外担保等），根据准则是无法确认计量并反映在财务报表中的，但是根据重要性的要求，如不进行披露，会严重影响信息使用者做出判断，因此只能在附注中予以详细展示。附注可以借助多种计量手段、计量属性及不同的格式，将那些无法进入表内，但又具有重要性和全面性的信息加以充分准确地披露，这有利于完整反映企业生产经营的全貌，提高了财务报告体系的总体水平和层次。

以G公司附注中关于递延所得税资产和递延所得税负债的说明为例。

（1）未经抵销的递延所得税资产，见表6-1。

表6-1　G公司未经抵销的递延所得税资产

单位：元

项目	20×5.6.30		20×4.12.31	
	可抵扣暂时性差异	递延所得税资产	可抵扣暂时性差异	递延所得税资产
坏账准备	137,565,480.88	20,634,822.13	84,585,643.41	12,687,846.51
存货跌价准备	41,477,185.79	6,221,577.87	37,501,622.57	5,625,243.39

（续表）

项目	20×5. 6. 30		20×4. 12. 31	
	可抵扣暂时性差异	递延所得税资产	可抵扣暂时性差异	递延所得税资产
预计负债	93,022,413.50	13,953,362.03	60,368,817.07	9,055,322.56
递延收益	42,606,490.70	6,390,973.61	32,141,365.27	4,821,204.79
内部交易未分配利润	30,847,676.40	4,627,151.46	—	—
其他	5,745,615.80	861,842.37	—	
合计	351, 264, 863. 07	52, 689, 729. 47	214, 597, 448. 32	32, 189, 617. 25

（2）未经抵销的递延所得税负债，见表6-2。

表 6-2　G 公司未经抵消的递延所得税负债

单位：元

项　目	20×5. 6. 30		20×4. 12. 31	
	应纳税暂时性差异	递延所得税负债	应纳税暂时性差异	递延所得税负债
分期收款差异	133,479,852.27	20,021,977.84	122,163,185.32	18,324,477.80
固定资产差异	55,570,836.03	12,744,105.39	29,897,501.59	4,484,625.24
合计	189, 050, 688. 29	32, 766, 083. 23	152, 060, 686. 91	22, 809, 103. 04

（3）未确认递延所得税资产明细，见表6-3。

表6-3　G公司未确认递延所得税资产明细

单位：元

项　目	20×5.6.30	20×4.12.31
可抵扣暂时性差异	—	—
可供出售金融资产减值准备	19,819,683.81	19,819,683.81
递延收益	8,245,300.00	8,245,300.00
可抵扣亏损	12,468,895.71	6,062,933.08
固定资产减值准备	1,991,206.90	1,991,206.90
坏账准备	34,803.53	42,715.53
合计	42,559,889.95	36,161,839.32

（4）未确认递延所得税资产的可抵扣亏损将于以下年度到期，见表6-4。

表6-4　G公司未确认递延所得税资产的可抵扣亏损

单位：元

年　份	20×5.6.30	20×4.12.31	备注
20×6年	1,095,144.66	1,095,144.66	—
20×7年	—	—	—
20×8年	121,095.70	121,095.70	—
20×9年	4,846,692.72	4,846,692.72	—
2×20年	6,405,962.63	—	—
合计	12,468,895.71	6,062,933.08	—

在对外报告的财务报表中，关于递延所得税负债和递延所得税资产 20×5 年 6 月 30 日的列示仅仅只有两个数字：52,689,729.47 元和 32,766,083.23 元。但通过附注我们可以了解到，G 公司递延所得税资产由计提的坏账、存货跌价准备、预计负债、递延收益和内部交易未分配利润（合并报表）等形成，并且每个项目应纳税所得额差异和形成的递延所得税资产也都详尽披露；而 G 公司递延所得税负债由分期收款业务和固定资产的应纳税差异构成，各项目所形成的递延所得税负债也予以详尽披露。除此之外，还未予确认部分的递延所得税资产 42,559,889.95 元和未确认递延所得税资产的可抵扣亏损在未来五年的影响金额合计 12,468,895.71 元。

显然，通过对附注的仔细阅读，我们不仅可以了解公司的基本情况、财务报表的编制基础、重要的会计估计和会计差错，还能够了解报表中各个项目的具体来源以及企业管理层认为需要着重说明的重大事项、变化趋势等重要内容，这些内容都对我们清晰理解财务信息有重要影响。

6.2　读懂财务报表附注

附注的作用非常重要，如果没有一个好的方法去阅读附注，就会严重地影响我们准确、全面地了解企业会计信息。附注大致分为三大部分。

6.2.1　附注的第一部分

附注的第一部分主要包括公司基本情况、财务报表编制基础、重要会计政策和会计估计等内容。当拿到某个公司的一份财务报表后，信息使用者首先可翻阅找到财务报表附注的第一部分。实践证明，这是一把能开启财务报表正确阅读和理解之门的“钥匙”。从“公司基本情况”中了解公司历史沿革、所处行业、经营范围、主要产品或提供的劳务等；从“财务报表编制基础”中掌握公司是否以持续经营为基础编制财务报表，如果财务报表的编制还遵循了其他基础，也会在此处说明；同时，要通过对“重要会计政策和会计估计”有关内容的浏览，搞清楚公司在新企业会计准则大原则下所执行的各项具体会计政策，了解公司所选用的会计估计方法。就某一项重大会计政策或会计估计的不同选择，有时会对公司财务报表所反映的财务信息产生颠覆性的影响。

例如，在目前房地产市场非常活跃且价格趋涨的情况下，对于一个拥有大量投资性房地产的公司来说，若选用公允价值模式计量，一方面，会因投资性房地产的公允价超出账面价值数额巨大而大幅增加公司资产负债表所列示的净资产；另一方面，会因当期房地产价格上涨幅度较大而增加公司利润表所反映的利润总额。

信息使用者尤其要关注公司当期是否存在重要会计政策和会计估计的变更。若有变更，就要看清楚这类变更对公司财务状况和经营成果的影响程度有多大。最后，对企业集团来说，在附注的第一部分会披露全部控股子公司的名称、注册资本、经营范围、集团投资额及所占权益比例等基本情况，同时，信息使用者还可以了解集团合并财务报表的编制方法等。在阅读财务报表前掌握这些财务信息非常重要，它是形成财务数据的底层逻辑。

6.2.2 附注的第二部分

附注的第二部分是主要财务报表项目注释，该部分是针对财务报表主要项目列示的金额所做的一一对应的解释。信息使用者在阅读财务报表过程中可根据各个项目旁的“注释号”在财务报表附注相应的地方找到解释该项目的详细内容。可以说，信息使用者要真正看懂财务报表，就必须在阅读过程中使用财务报表附注这一个“阅读分析器”。如果只看报表项目，不看报表附注中的项目注释，仅凭经验估计，就会得到偏离实际甚至错误的企业信息。

（1）对于资产负债表项目，在附注中会披露期初余额的构成明细、本期增加及减少发生额情况、期末余额的构成明细等基本内容。例如，一些从事制造业的公司，报表中“存货”项目往往占用大量资金。信息使用者若要了解“存货”的具体内容，判断其合理性，只有在“存货”项目的注释中找到答案。那里会详细列示原材料、在产品、产成品等各类存货的资金分布及其变动情况、披露是否存在呆滞积压及所计提的跌价准备等重要信息，从而帮助信息使用者做出正确的判断。

（2）对于利润表项目，在注释中会披露上期发生额的构成明细、本期发生额的构成明细等基本内容。例如，对于投资型公司来说，利润表中所列示的“投资收益”往往金额较大。报表使用者如果要进一步了解投资收益的具体内容、哪些方面的收益对公司利润的贡献最大，必须到“投资收益”项目的注释中寻找。在那里会单独列示股票投资收益、债权投资收益、委贷利息收入，以及转让股权投资损益、以成本法核算的被投资单位宣告分派的利润、确认联营及合营企业净损益等各项收益构成。到底形成公司主要利润来源的是哪部分投资所产生的收益，附注可以让信息使用者看得明明白白。

值得一提的是，按我国现在的要求，对增减幅度达到或超过 30% 的项目金额，在附注中需对其说明变动的主要内容和原因。对于特殊报表项目，在附注中还需要披露其具体内容和发生的事由。这些注释将帮助信息使用者正确了解财务报表所反映的公司财务状况和经营成果。

6.2.3　附注的第三部分

附注的第三部分内容也是非常重要的，主要包括关联方关系及其交易、资产负债表日后事项、或有事项、承诺事项等其他重要事项的披露。这部分内容所披露的属于表外重要信息，是信息使用者必须掌握的财务信息，能对已获取的财务报表及其相关信息起到修正作用。信息使用者在看完财务报表后千万不要忘记使用这台“信息纠正仪”。

例如，“关联方关系及其交易”的披露，能详尽地列示出公司按新企业会计准则认定的关联方的基本信息，和当期公司与关联方之间发生的交易种类、定价政策、交易额等重要信息，这方面对于理解大型集团下属公司的财务报表而言尤为关键。

“资产负债表日后事项”是指公司资产负债表日至财务报告批准报出日之间发生的需要调整或说明的有利或不利事项。这里所披露的是资产负债表日后非调整事项中，有利事项能给信息使用者传递公司发展的重大利好消息，如大额销货合同的签订、税收优惠政策的获得等；不利事项会传递给信息使用者公司发展中面临的重大风险信息，如主要客户的丢失、不利于公司发展的新经济政策的出台等。

“或有事项”或“承诺事项”对于一个持续经营的公司来说，往往也特别重要。有的公司尽管就财务报表数据而言不错，但就其披露的某些“或有事项”或“承诺事项”的内容来看，如对外巨额担保、主要经营资产抵押、重大诉讼等，对公司持续经营的风险影响非常大。

总之，在阅读财务报表前先通过附注了解财务报表的编制基础和管理层的会计估计，可以加深信息使用者对企业整体状况的了解；在阅读财务报表过程中随时使用附注可以增加我们对数据构成、变化趋势和变动原因的认识；在阅读财务报表之后充分利用财务报表附注中的表外信息，能够确保信息使用者正确理解财务报表所给出的信息。附注是理解企业财务报表及其相关信息的助推器，信息使用者充分关注附注，有助于对财务数据做出正确的分析判断。

第七章

集团化企业的财务报表

上市公司的财务报表大多都是集团化企业的合并财务报表，很少有单一主体的财务报表。集团化企业的合并财务报表编制对于财务初学者来说非常复杂、专业。但是作为信息使用者，只有充分了解集团财务报表合并的大致原理，才能充分解读集团化企业财务信息，从而使得相关财务信息为我所用。本章会描述合并财务报表的原理和一些特殊处理过程。

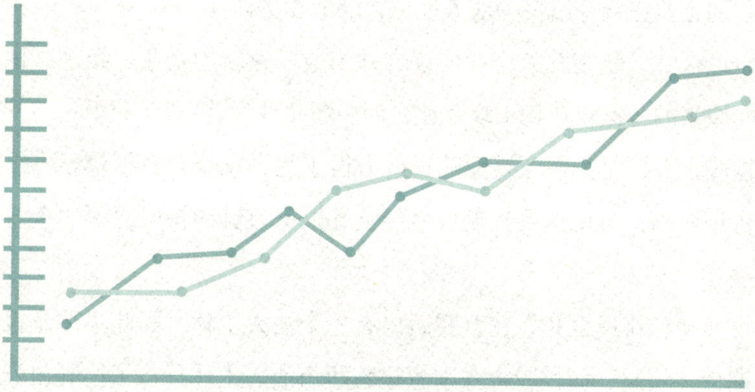

7.1 企业合并与合并财务报表简介

7.1.1 认识企业合并

企业合并，是指将两个或者两个以上单独的企业合并形成一个报告主体的交易或事项。按照不同的划分标准，企业合并可以分为不同的形式。

（1）按照会计准则的核算要求，企业合并分为同一控制下的企业合并和非同一控制下的企业合并。

（2）按照企业合并的法律方式，企业合并分为吸收合并、新设合并、控股合并。

①吸收合并，是指两家或两家以上的企业合并成一家企业，其中一家企业将另一家企业或多家企业吸收进自己的企业，并以自己的名义继续经营，而被吸收的企业在合并后丧失法人地位，解散消失。

②新设合并，是指几家企业协议合并组成一家新的企业。经过这种形式的合并，原来的各家企业均不复存在，而由新企业经营。

③控股合并，是指一家企业购进或取得了另一家企业有投票表决权的股份或出资证明书，且已达到控制后者经营和财务方针的持股比例的企业合并形式。

吸收合并和新设合并，在合并后只有一个法人主体，因此不涉及报表层面的后期合并编制；而控股合并则意味着两个法人主体具备了控制与被控制关系，从而使得每期报表的编制均需要合并成集团化的合并财务报表。

7.1.2 企业合并财务报表

合并财务报表的合并范围应当以控制为基础予以确定。控制是指投资方拥有对被投资方的权利，通过参与被投资方的相关活动而享有可变回报，并且有能力运用对被投资者的权利影响其回报额。当投资方因参与被投资方的相关活动而享有可变回报时，有能力运用对被投资者的权利来影响上述回报时，投资方即控制被投资方。控制方通常称为母公司，被控制方通常称为子公司。但是控制的评估是持续的，当环境或情况发生变化时，投资方需要评估控制的两个基本要素中的一个或多个是否发生了变化。如果有任何事实或情况表明控制的两项基本要素中的一个或多个发生了变化，投资方应重新评估对被投资方是否具有控制。在实务中，我们需要按照实质重于形式的要求，分别在可变回报、权利的现时性与实质性、表决权、合同特殊安排等多个方面判断是否构成控制，从而确定是否纳入财务报表合并范围。

例如，A 公司为一家高新技术企业。2015 年 3 月 A 公司收购了 B 公司 40% 的股权，成为 B 公司第一大股东，其他股东持股比例分别为 30%、20%、10%。B 公司章程规定，公司重大财务和经营决策由董事会决定。公司董事会由 7 名董事构成，其中 A 公司有权委派 4 名董事，其余股东可以各委派 1 名董事，公司董事会决议需要经半数董事表决通过。实际情况是，A 公司只委派了 3 名董事，其余股东各委派了 1 名董事，共计 6 名董事。B 公司章程同时规定，第一大股东 A 公司有权否决董事会的决议。

A 公司是否应该将 B 公司纳入合并范围？ A 公司持股比例低于 50%，且实际委派的董事为 3 名，没有超过半数。按照 B 公司章程规定的董事会表决机制，重大事项必须超过半数董事表决通过。因此，仅从目前董事会实际构成来看，A 公司不能完全决定董事会的决策结果。但根据会计准则有关控制的概念，控制是指主导相关活动的现时权利，无论该权利行使与否。根据章程，A 公司有权委派 4 名即超过半数的董事，从而控制董事会。只是目前 A 公司暂时没有行使该权力，而只要 A 公司愿意或需要，A 公司即可派驻第 4 位董事，随时行使其控制权。此外，A 公司还享有对董事会决议的否决权，可以通过行使否决权来排除其他投资人的影响。因此 A 公司虽然持股比例低于 50%，且委派的董事没有超过半数，但 A 公司能够控制 B 公司，应将 B 公司纳入合并范围。

我们的信息使用者并不需要去判断集团化企业下纳入合并财务报表的不同主体，因为在附注中，我们可以很直观地了解到当期企业编制合并报表所涉及的会计主体，即有多少企业的财务报表被纳入合并报表的范畴。信息使用者通过了解纳入合并范围的界限，能更好地了解合并财务报表。

合并财务报表是以合并范围内所有单体财务报表为基础编制的，也就是说，编制合并财务报表的前提是已经完成所有单体财务报表，而不是在所有账目的基础上直接编制合并财务报表。合并财务报表反映了企业集团整体的财务状况和经营成果，所以在合并处理的过程中，应当从企业集团的整体角度考虑各个公司经营活动的财务处理。合并财务报表与单体报表一样，分为合并资产负债表、合并利润表、合并现金流量表、合并所有者权益变动表及附注。上述合并财务报表是在所有单体报表均统一了会计政策、会计期间并考虑了外币报表折算差额的基础上编制合并而成的。

7.2 财务报表的“合并”之道

合并财务报表并不是纳入合并范围中各个单体财务报表的简单加总，而是需要站在集团整体的角度对个体财务报表合并处理后的财务报表。信息使用者需要了解基本的合并处理的原则，以加深对合并财务报表的理解，避免判断决策偏差。

（1）合并资产负债表。合并资产负债表是以母公司和纳入合并范围的子公司的个别资产负债表为基础编制的。个别资产负债表则是以单体会计主体进行会计核算的结果，它从母公司本身或子公司本身的角度对自身的财务状况进行反映。对于企业集团内部发生的经济业务，例如母子公司之间的购销，都在各自财务报表中做了收入和成本的会计处理，如果上述内部交易的货物没有实现对外销售，在这种情况下，资产、负债、所有者权益的相加显然存在重复计算的因素。反映集团整体财务状况的合并财务报表，必须将这些重复计算的因素予以剔除，即未实现对外售卖的内部交易视同没有发生过。基于这一原则，编制合并资产负债表需要进行调整处理的项目有以下几项。

①母公司对子公司权益性资本投资项目与子公司所有者权益项目应相互抵消。

②母公司与子公司、子公司相互之间发生内部债权债务项目应相互抵消。

③存货项目，即内部购进存货价值中包含的未实现内部销售利润应相互抵消。

④固定资产项目（包括固定资产原价和累计折旧项目），即内部购进固定资产价值中包含的未实现内部销售利润应相互抵消。

⑤无形资产项目即内部购进无形资产价值包含的未实现内部销售利润应相互抵消。

上述处理确保所有内部购销或往来在最终实现外部销售前，都要处理为“没有发生”。

（2）合并利润表和所有者权益变动表。合并利润表和合并所有者权益变动表同样是以母公司和纳入合并范围的子公司的个别利润表和个别所有者权益变动表为基础编制的。编制合并利润表和合并所有者权益变动表需要进行调整的项目有以下几项。

①内部销售收入和内部销售成本项目。

②内部投资收益项目，包括内部利息收入与利息支出项目、内部股权投资收益项目。

③资产减值损失项目，即与内部交易相关的内部应收账款、存货、固定资产、无形资产等项目的资产减值损失。

④纳入合并范围的子公司利润分配项目。

上述处理确保所有未实现对外销售部分的内部购销、内部投资、因内部往来款所产生的减值以及内部利润分配都处理为“没有发生”。

（3）合并现金流量表。合并现金流量表是综合反映母公司及子公司组成的企业集团，在一定会计期间现金流入、流出以及增减变动情况的财务报表。合并现金流量表以母公司和子公司的现金流量表为基础，在抵消母公司与子公司、子公司相互之间发生内部交易对合并现金流量表的影响后，由母公司编制。在以母公司和子公司个别现金流量表为基础编制合并现金流量表时，需要抵消的项目有以下几项。

①母公司与子公司、子公司相互之间当期以现金投资或收购股权增加的投资所产生的现金流量。

②母公司与子公司、子公司相互之间当期取得投资收益收到的现金与分配股利、利润或偿付利息支付的现金。

③母公司与子公司、子公司相互之间以现金结算债权与债务所产生的现金流量。

④母公司与子公司、子公司相互之间当期销售商品所产生的现金流量。

⑤母公司与子公司、子公司相互之间处置固定资产、无形资产和其他长期资产收回的现金净额与购建固定资产、无形资产和其他长期资产支付的现金。

⑥母公司与子公司、子公司相互之间当期发生的其他内部交易所产生的现金流量。

（4）特殊交易在合并财务报表中的处理。特殊交易主要包括追加投资、处置对子公司的投资、因子公司少数股东增资导致母公司股权稀释、交叉持股、逆流交易等主要类型。

①追加投资包括母公司购买子公司少数股东股权、企业因追加投资使得能够对非同一控制下的被投资方实现控制、通过多次交易分步实现同一控制下的企业合并、本期增加子公司的报表合并等。总体处理原则为：如对发生交易的被投资方控制权未发生改变的，则延续之前的会计处理方式，并视同按照购买日或者合并日所确定的净资产价值开始持续计算，母公司付出对价与持续计算的净资产价值比例的差额调整资本公积和未分配利润；如对发生交易的被投资方控制权发生改变的，则需要判断之前的交易是否构成"一揽子交易"。如果是"一揽子交易"，则应将所有交易作为一项取得控制权的交易进行处理；如果不构成"一揽子交易"，则应在合并日或购买日将之前持有的被投资方的股权按照购买日的公允价值重新计量。

②处置对子公司的投资包括处置对子公司的投资但未丧失控制权、处置子公司的投资导致丧失控制权。总体处理原则为：未丧失控制权的，在合并报表层面继续按照企业合并的要求处理，合并报表层面处置部分的损益计入

资本公积和留存收益。丧失控制权的，则应将其排除在合并报表范围之外。

③因子公司少数股东增资导致母公司股权稀释，处理原则为增资所导致的股权占比份额的差异仅调整资本公积和留存收益。

④交叉持股，即母子公司或子公司之间互相持股的情形。总体处理原则为：母公司持有子公司的股权在合并报表中的处理保持不变；子公司持有母公司的股份的初始投资成本，作为所有者权益的减项，确认的投资收益作抵销处理；子公司相互持股比照母公司对子公司投资的抵销处理。

⑤逆流交易，即子公司向母公司出售资产。总体处理原则为：所发生的未实现内部损益，应当按照母公司对该子公司的分配比例在“归属于母公司所有者的净利润”和“少数股东损益”之间进行分配。

了解了上述合并财务报表的编制基本原理之后，信息使用者在阅读理解上市公司合并财务报表时应当更加得心应手。尽管具体的编制过程非常复杂，但我们只要明白所有的编制处理手段都是为了让信息使用者能够站在集团整体的角度，把集团化企业内所有公司看作一个整体来阅读和理解合并财务报表，就可以更加真实地将集团整体的财务状况和经营成果反映给信息使用者。

在充分理解了财务报表、财务分析工具的使用后，信息使用者能够更好地运用财务报表对企业经营状况做出判断和决策。

第八章

公司偿债能力分析

企业的偿债能力是指企业用其资产偿还短期债务与长期债务的能力。企业偿债能力是反映企业财务状况和经营能力的重要标志。

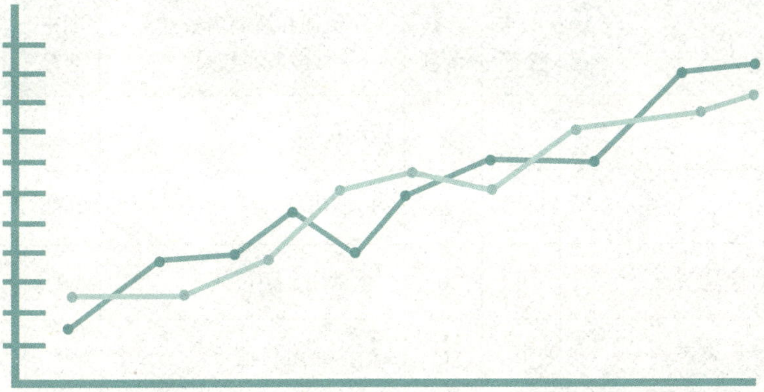

8.1 财务报表分析数据的确定

财务报表分析的目的是将财务报表中的数据信息转化为紧密联系的、横向可比的、更具质量的指标类信息，以帮助信息使用者改善决策。财务报表的分析方法有很多，如比较分析法、因素分析法等，信息使用者需要基于自身目的而选择合适的分析方法。

财务报表中有大量的数据信息，可以用于计算与公司有关的财务比率，以 B 公司的财务报表数据为例，说明一系列财务比率的计算和分析方法。B 公司 20×8 年的资产负债表、利润表、现金流量表见表 8-1、表 8-2、表 8-3。（为简化计算，所有数据均为假设）

表 8-1 B 公司资产负债表

编制单位：B 公司　　20×8 年 12 月　　单位：万元

资　产	期末余额	年初余额	负债和所有者权益（或股东权益）	期末余额	年初余额
流动资产			流动负债		
货币资金	50	25	短期借款	58	45
交易性金融资产	0	0	交易性金融负债	0	0
衍生金融资产	0	0	衍生金融负债	0	0

（续表）

资　产	期末余额	年初余额	负债和所有者权益（或股东权益）	期末余额	年初余额
应收票据及应收账款	430	200	应付票据及应付账款	135	113
预付款项	30	26	预收款项	10	24
其他应收款	12	28	合同负债		
存货	149	320	应付职工薪酬	2	1
合同资产	0	0	应交税费	7	5
持有待售资产	0	0	其他应付款	35	27
一年内到期的非流动资产	77	11	持有待售负债	0	0
其他流动资产	8	0	一年内到期的非流动负债	0	0
			其他流动负债	53	5
流动资产合计	**756**	**610**	**流动负债合计**	**300**	**220**
非流动资产			**非流动负债**		
债权投资	0	0	长期借款	430	240
其他债权投资	0	0	应付债券	260	265
长期应收款	0	0	长期应付款	45	59
长期股权投资	30	0	预计负债	0	0
其他权益工具投资	0	0	递延收益	0	0

（续表）

资　产	期末余额	年初余额	负债和所有者权益（或股东权益）	期末余额	年初余额
其他非流动金融资产	0	0	递延所得税负债	0	0
投资性房地产	0	0	其他非流动负债	5	9
固定资产	1,246	1,013	**非流动负债合计**	740	573
在建工程	13	22	**负债合计**	1, 040	793
生产性生物资产	0	0	所有者权益(或股东权益)		
油气资产	0	0	实收资本（或股本）	100	100
无形资产	6	6	其他权益工具		
开发支出	0	0	其中：优先股	0	0
商誉	0	0	永续债	0	0
长期待摊费用	5	15	资本公积	10	10
递延所得税资产	0	0	减：库存股	0	0
其他非流动资产	0	0	其他综合收益	0	0
			盈余公积	60	40
			未分配利润	846	723
非流动资产合计	1, 300	1, 056	**所有者权益（或股东权益）合计**	1, 016	873
资产总计	2, 056	1, 666	**负债和所有者权益（或股东权益）总计**	2, 056	1, 666

表 8-2 B 公司利润表

编制单位：B 公司　　　　20×8 年 12 月　　　　单位：万元

项　目	本期金额	上期金额
一、营业收入	2,996	2,852
减：营业成本	2,659	2,514
税金及附加	19	19
销售费用	20	18
管理费用	48	42
研发费用	50	46
财务费用	50	50
其中：利息费用	56	54
利息收入	6	4
资产减值损失	0	0
信用减值损失	0	0
加：其他收益（损失以“—”号填列）	6	0
其中：对联营企业和合营企业的投资收益	6	0
净敞口套期收益（损失以“—”号填列）	0	0
公允价值变动收益（损失以“—”号填列）	0	0
资产处置收益（损失以“—”号填列）	0	0
二、营业利润（亏损以“—”号填列）	156	163
加：营业外收入	45	72
减：营业外支出	1	0

（续表）

项　目	本期金额	上期金额
三、利润总额（亏损总额以“－”号填列）	200	235
减：所得税费用	50	58.75
四、净利润（净亏损以“－”号填列）	150	176.25
（一）持续经营净利润（净亏损以“－”号填列）	125	145
（二）终止经营净利润（净亏损以“－”号填列）	25	31.25
五、其他综合收益的税后净额		
（一）不能重分类进损益的其他综合收益	0	0
1. 重新计量设定受益计划变动额	0	0
2. 权益法下不能转损益的其他综合收益	0	0
3. 其他权益工具投资公允价值变动	0	0
4. 企业自身信用风险公允价值变动	0	0
……		
（二）将重分类进损益的其他综合收益		
1. 权益法下可转损益的其他综合收益	0	0
2. 其他债权投资公允价值变动	0	0
3. 金融资产重分类计入其他综合收益的金额	0	0
4. 其他债权投资信用减值准备	0	0
5. 现金流量套期储备	0	0
6. 外币财务报表折算差额	0	0
……		

（续表）

项　目	本期金额	上期金额
六、综合收益总额	150	176.25
七、每股收益		
（一）基本每股收益	略	略
（二）稀释每股收益	略	略

表 8-3　B 公司现金流量表

编制单位：B 公司　　20×8 年 12 月　　单位：万元

项　目	本期金额	上期金额（略）
一、经营活动产生的现金流量		
销售商品、提供劳务收到的现金	3,815	
收到的税费返还	0	
收到其他与经营活动有关的现金	11	
经营活动现金流入小计	3,826	
购买商品、接受劳务支付的现金	3,445	
支付给职工以及为职工支付的现金	20	
支付的各项税费	95	
支付其他与经营活动有关的现金	14	
经营活动现金流出小计	3,574	
经营活动产生的现金流量净额	252	
二、投资活动产生的现金流量		
收回投资收到的现金	2	

（续表）

项　目	本期金额	上期金额（略）
取得投资收益收到的现金	5	
处置固定资产、无形资产和其他长期资产收回的现金净额	80	
处置子公司及其他营业单位收到的现金净额	0	
收到其他与投资活动有关的现金	2	
投资活动现金流入小计	89	
购建固定资产、无形资产和其他长期资产支付的现金	280	
投资支付的现金	30	
取得子公司及其他营业单位支付的现金净额	0	
支付其他与投资活动有关的现金	21	
投资活动现金流出小计	331	
投资活动产生的现金流量净额	**-242**	
三、筹资活动产生的现金流量		
吸收投资收到的现金	0	
取得借款收到的现金	210	
收到其他与筹资活动有关的现金	12	
筹资活动现金流入小计	222	
偿还债务支付的现金	22	
分配股利、利润或偿付利息支付的现金	165	
其中：子公司支付给少数股东的股利、利润		
支付其他与筹资活动有关的现金	20	

（续表）

项 目	本期金额	上期金额（略）
筹资活动现金流出小计	207	
筹资活动产生的现金流量净额	15	
四、汇率变动对现金及现金等价物的影响	0	
五、现金及现金等价物净增加额	25	
加：期初现金及现金等价物余额	25	
六、期末现金及现金等价物余额	50	

8.2 短期偿债能力分析

债务按照到期时间被划分为短期负债和长期负债，偿债能力分析由此分为短期偿债能力分析和长期偿债能力分析。偿债能力的衡量方法有两种：一种是比较可供偿债资产和债务存量，可供偿债资产大于债务存量，则偿债能力较强；另一种是比较经营活动现金流量和偿债所需现金流，如果经营活动现金流量的净额大于偿债所需现金流，则偿债能力较强。分析企业短期偿债能力，通常可运用一系列反映短期偿债能力的指标来进行。从企业短期偿债能力的含义及影响因素可知，短期偿债能力主要可通过企业流动资产和流动负债的对比得出。因此，对企业短期偿债能力的指标分析，主要可采用流动负债和流动资产对比的指标，包括营运资本、流动比率、速动比率、现金比率等。

（1）营运资本，是指流动资产减去流动负债后的差额，也称净营运资本，表示企业的流动资产在偿还全部流动负债后的剩余。其计算公式为：

$$营运资本 = 流动资产 - 流动负债$$

根据 B 公司的财务报表 8-1，B 公司本期营运资本 =756-300=456 万元。

B 公司上期营运资本 =610-220=390 万元。

B 公司的流动资产高于流动负债，表示 B 公司具有一定的短期偿付能力。

该指标越高，表示可用于偿还流动负债的资金越充足，企业的短期偿付能力越强，企业所面临的短期流动性风险越小，债权人安全程度越高。对营运资本指标进行分析，可以静态地评价企业当期的短期偿债能力状况，也可以动态地评价企业不同时期短期偿债能力的变动情况。但由于营运资本是绝对数，不便于不同时期的比较，所以我们可以通过营运资本配置率来比较。

营运资本配置率 = 营运资本 ÷ 流动资产

B 公司本期营运资本配置率 =456 ÷ 756=0.60。

B 公司上期营运资本配置率 =390 ÷ 610=0.63。

营运资本配置率越高，营运资本在流动资产中的占比越高，表明企业的短期偿债能力越强，B 公司的本期营运资本配置率低于上期，表明 B 公司短期偿债能力有所下降。

营运资本也被称为流动负债的“缓冲垫”，因为它是长期资本用于流动资产的部分，不需要在 1 年或一个营业周期内偿还，因此营运资本管理是企业财务管理的重要组成部分，具体推导逻辑如下。

营运资本 = 流动资产 − 流动负债
= (总资产 − 非流动资产) − (总资产 − 所有者权益 − 长期负债)
= (所有者权益 + 长期负债) − 非流动资产
= 长期资本 − 长期资产

通过上述推导我们可以看出，如果企业营运资本为负数，表明长期资本小于长期资产，即长期资产的资金相当一部分来源于流动负债，而流动负债是需要在一个经营周期内偿还的，而长期资产在正常经营的情况下又无法立即变现，偿债所需资金不足，企业需要额外筹集还款资金，也就意味着财务状况的不稳定。

（2）流动比率，是指流动资产与流动负债的比率，表示每一元的流动负债有多少流动资产作为偿还保证。其计算公式为：

流动比率 = 流动资产 ÷ 流动负债

B 公司本期流动比率 =756 ÷ 300=2.52。

B 公司上期流动比率 =610 ÷ 220=2.77。

一般认为，从债权人的立场上说，流动比率越高越好，表示企业的偿付能力越强，企业所面临的短期流动性风险越小，债权越有保障，借出的资金越安全。但从经营者和所有者角度看，并不一定要求流动比率越高越好，在偿债能力允许的范围内，根据经营需要，进行负债经营也是现代企业经营的策略之一。由于不同行业的特点不同，并不存在统一的、标准的流动比率数值，所以一般认为合理的最低流动比率为 2。流动比率在不同行业有很大的差别，通常营业周期越短的行业，流动比率相对越低。

对流动比率的分析，可以从静态和动态两个方面进行。从静态上分析，就是计算并分析某一时点的流动比率，同时可将其与同行业的平均流动比率进行比较；从动态上分析，就是将不同时点的流动比率进行对比，研究流动比率变动的特点及其合理性。例如本例中，B 公司的流动比率就有所下降，管理层应持续关注短期偿债能力的变动趋势。

流动比率存在一定的不足之处，因为流动比率的分子流动资产中含有大量的存货，但存货的变现速度会影响流动比率所评价的企业短期偿债能力，因此我们引入了速动比率的概念。

（3）速动比率，是指企业的速动资产与流动负债的比率，用来衡量企业流动资产中速动资产变现偿付流动负债的能力。其计算公式为：

速动比率 = 速动资产 ÷ 流动负债

其中，速动资产 = 流动资产 − 存货。

B 公司本期速动比率 =（756−149）÷ 300=2.02。

B 公司上期速动比率 =（610−320）÷ 220=1.32。

通过上述计算可以得知，B 公司在剔除存货的影响因素后，本期的速动比率有明显提高，如果 B 公司所处行业的存货本身周转就很慢，则速动比例的提高，有助于企业短期偿债能力的增强。这与流动比率得出的结论正好相反。

用速动比率来评价企业的短期偿债能力，消除了存货等变现能力较差的流动资产项目的影响，可以部分地弥补流动比率指标存在的缺陷。在一些存货等项目短期变现弱的企业，流动比率较高时，流动资产中可以立即变现用来支付债务的资产较少，其偿债能力也不理想；反之，在一些流动资产项目短期变现能力高的企业，即使速动比率较低，但流动资产中的大部分项目都可以在较短的时间内转化为现金，其偿债能力也会很强。所以，不能单纯地说流动比率与速动比率哪一个更准确，而应结合企业的具体情况区别分析。

但速动比率仍旧有不足之处，因为速动比率的分子速动资产中还含有大量的应收账款和应收票据，这部分应收款项是否能够及时变现，也在很大程度上影响了速动比率所评价的短期偿债能力，因此我们引入了现金比率。

（4）现金比率，是指货币资金对流动负债的比率。在速动资产中，流动性最强、可直接用于偿债的资产是货币资金，与其他速动资产不同的是，货币资金可以直接偿债，而其他速动资产需要等待不确定的时间，才能转化为不确定的货币资金。现金比率的计算公式为：

现金比率 = 货币资金 ÷ 流动负债

B 公司本期现金比率 =50 ÷ 300=0.17。

B 公司上期现金比例 =25 ÷ 220=0.11。

现金比率表明每一元的流动负债中有多少现金作为偿债保障，B 公司的现金比率比上年提高了 0.06，说明 B 公司为每一元的流动负债提供的现金保障增加了 0.06 元。现金比率可以准确地反映企业的直接偿付能力，当企业面临支付工资日或大宗进货日等需要大量现金的时间时，这一指标更能显示出其重要作用。

在评价企业短期偿债能力的时候，我们不仅要关注上述财务指标，还要结合企业的实际情况，比如所属行业、企业可动用的信用额度、非流动资产的变现能力、特殊合同约定以及与担保有关的或有负债等，综合对企业的短期偿债能力进行评价，才能得出相对合理的判断。

8.3　长期偿债能力分析

长期来看，所有债务都要偿还。因此，反映长期偿债能力的存量比率是总资产、总债务和股东权益之间的比例关系，常用的是资产负债率、产权比率、权益乘数和长期资本负债率。除此之外，负债的还款正常情况下都来源于企业盈利，并用货币资金偿还，因此现金流与负债的比例关系也可以反映长期偿债能力，常用的是利息保障倍数、现金流量利息保障倍数、现金流量与负债比率。

（1）资产负债率，是综合反映企业偿债能力的重要指标，它通过负债与资产的对比，反映在企业的总资产中有多少是通过举债获得的。其计算公式为：

$$资产负债率 = 总负债 \div 总资产 \times 100\%$$

B 公司本期资产负债率 =1,040 ÷ 2,056 × 100%=50.58%。

B 公司上期资产负债率 =793 ÷ 1,666 × 100%=47.60%。

由于资产负债率是反映资产中负债的比例，因此该指标越低，偿债越有保障，同时也说明举债能力越高。通过计算 B 公司本期资产负债率高于上期资产负债率，B 公司的长期偿债能力是下降的。任何企业都必须根据自身的实际情况确定一个适度的标准，当企业债务负担持续增长并超过这一适度标准时，企业应注意加以调整，不能只顾获取杠杆利益而不考虑可能面临的财务风险。

（2）产权比率和权益乘数，产权比率和权益乘数是资产负债率的另外两种表现形式，它和资产负债率的性质一样。其计算公式为：

产权比率 = 总负债 ÷ 股东权益

权益乘数 = 总资产 ÷ 股东权益

产权比率表明每一元股东权益配套的总负债的金额。权益乘数表明每一元股东权益启动的总资产的金额。产权比率与权益乘数和资产负债率之间存在如下关系。

资产负债率 × 权益乘数 = 产权比率

（3）长期资本负债率，是指非流动负债占长期资本的百分比。长期资本负债率反映企业长期资本的结构，由于流动负债的数额经常变化，因此资本结构管理大多使用长期资本结构。其计算公式为：

长期资本负债率 = 非流动负债 ÷（非流动负债 + 股东权益）× 100%

B 公司本期长期资本负债率 =740 ÷（740+1,016）× 100%=42.14%。

B 公司上期长期资本负债率 =573 ÷（573+873）× 100%=39.63%。

可以看出 B 公司本期的长期资本负债率较上期有所增加。

（4）利息保障倍数，是指息税前利润与利息费用的倍数，它是衡量企业长期偿债能力的指标。利息保障倍数越大，说明企业支付利息费用的能力越强。因此，债权人要分析利息保障倍数指标，以此来衡量债务资本的安全程度。其计算公式为：

利息保障倍数 = 息税前利润 ÷ 利息费用

其中，息税前利润 = 净利润 + 利息费用 + 所得税费用。

利息保障倍数分子用的是息税前利润，而不用净利润，是因为企业的正常利息费用是可以在税前抵扣的。利息保障倍数分母的利息费用不仅包括利润表中的费用化利息，也包括资产负债表中的资本化利息，即本期全部应付的利息。

B 公司本期的利息保障倍数 =（150+56+50）÷56=4.57。

B 公司上期的利息保障倍数 =（176.25+54+58.75）÷54=5.35。

长期债务通常不需要每期还本，但是需要每期偿还利息，利息保障倍数表明每一元利息费用有多少倍的息税前利润予以保障。利息保障倍数越大，利息支付越有保障。如果利息保障倍数小于或等于 1，则表明企业当期的息税前利润连当期利息都保障不了，也就是不足以支撑现有的债务规模。而 B 公司的本期利息保障倍数下降了 15%，需要引起管理层的关注。

（5）现金流量利息保障倍数，是指经营现金净流量为利息费用的倍数。它比收益基础的利息保障倍数更可靠，因为实际用以支付利息的是现金，而非收益，收益可能存在未收现的部分。其计算公式为：

现金流量利息保障倍数 = 经营活动现金流量净额 ÷ 利息费用

B 公司本期的现金流量利息保障倍数 =252÷56=4.5。

现金流量利息保障倍数是以现金为基础的利息保障倍数，它表明每一元利息费用有多少倍的经营活动现金净流量予以保障。

（6）现金流量与负债比率，是指经营活动现金流量净额与负债总额的比率，负债总额一般选取期末数，因为需要偿还的是期末的负债金额。计算公式为：

现金流量与负债比率 = 经营活动现金流量净额 ÷ 期末负债总额 ×100%

B 公司的本期现金流量与负债比率 =252 ÷ 1,040 × 100%=24.23%。

该比率表明企业用经营活动现金流量净额偿付全部债务的能力，比率越高，偿还负债的能力越强。

在分析企业长期债务偿还能力时，除了要考虑上述财务报表内的数据因素外，还应结合企业自身情况考虑，诸如债务担保、未决诉讼等表外因素。这些事项一旦出现不利情况，将严重制约企业的偿债能力。信息使用者在附注中可以了解这些表外信息，从而更加全面地判断企业的整体偿债能力。

第九章

公司营运能力分析

营运能力相关财务比率是衡量公司资产管理效率的财务比率，即企业运用各项资产以赚取利润的能力。比较常用的有应收账款周转率、存货周转率、流动资产周转率、营运资本周转率、非流动资产周转率和总资产周转率等。这些比率揭示了企业资金运营周转的情况，反映了企业对经济资源管理、运用的效率高低。企业资金周转越快，流动性越高，企业的管理能力越强，资产获取利润的速度就越快。

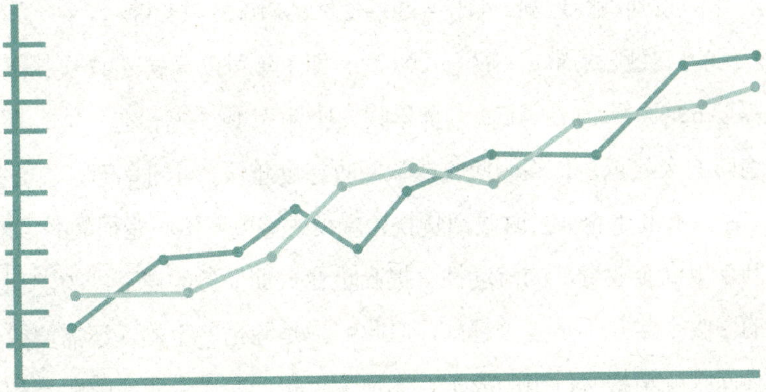

9.1 应收账款周转率

应收账款周转率是营业收入与应收账款的比率，反映应收账款周转速度的指标，它是一定时期内赊销收入净额与应收账款平均余额的比率。应收账款周转率有三种表示方法：应收账款在一定时期内（通常为 1 年）的周转次数，应收账款的周转天数，应收账款与收入比。

应收账款周转次数 = 营业收入 ÷ 应收账款

应收账款周转天数 =365÷（营业收入 ÷ 应收账款）

应收账款与收入比 = 应收账款 ÷ 营业收入 ×100%

根据表 8-1 和表 8-2，B 公司本期应收账款周转次数 =2,996÷430=6.97 次。

B 公司本期应收账款周转天数 =365÷6.97=52.37 天。

B 公司本期应收账款与收入比 =430÷2,996×100%=14.35%。

B 公司的应收账款周转次数为 6.97 次，即 1 年可以周转 6.97 次，平均周转一次需要 52.37 天，应收账款占全年收入比例为 14.35%。在一定时期内应收账款周转的次数越多，表明应收账款回收速度越快，企业管理工作的效率越高。这不仅有利于企业及时收回贷款，减少或避免发生坏账损失的可能性，而且有利于提高企业资产的流动性，提高企业短期债务的偿还能力。但是应收账款的回收天数并不是越少越好，应收账款是赊销产生的，还需要综合考虑企业为回收赊销款所付出的成本，如现金折扣。如果企业应收账款的周转率不断下降，即应收账款不断增加，需要具体分析。如企业应收账款的不断增加伴随着收入和经营活动净现金流量的增加，则说明企业的赊销政策起到了积极作用，带来了销售的大幅提高和现金流的明显改善。如企业的应收账款增加，并未带来收入的增加，甚至经营活动净现金流在不断地减少，则说明赊销政策出现了问题，需要重新评估赊销政策，并需加强款项的催收。总之，应收账款关联销售和运营，对于应收账款的分析是非常重要的。

9.2 存货和流动资产周转率

（1）存货周转率是一定时期内企业营业收入与存货的比率，是反映企业销售能力和流动资产流动性的一个指标，也是衡量企业生产经营各个环节中存货运营效率的一个综合性指标。存货周转率也有三种表示方法：存货在一定时期内（通常为 1 年）的周转次数，存货的周转天数，存货与收入比。

存货周转次数=营业收入 ÷ 存货

存货周转天数=365 ÷（营业收入 ÷ 存货）

存货与收入比=存货 ÷ 营业收入 × 100%

根据表 8-1 和表 8-2，B 公司本期存货周转次数 =2,996 ÷ 149=20.11。

B 公司本期存货周转天数 =365 ÷ 20.11=18.15。

B 公司本期存货与收入比 =149 ÷ 2,996 × 100%=4.97%。

B 公司的存货周转次数为 20.11 次，即 1 年可以周转 20.11 次，平均周转一次需要 18.15 天，存货占全年收入比例为 4.97%。在存货平均水平一定的条件下，存货周转率越高越好。存货周转率越高，表明企业的销货成本数额增多，产品销售的数量增长，企业的销售能力加强。反之，则销售能力不强。企业要扩大产品销售数量，增强销售能力，就必须在原材料购进、生产过程中的投入、产品的销售、现金的收回等方面做好协调和衔接。因此，存货周转率不仅可以反映企业的销售能力，而且能衡量企业生产经营中的各方面运用和管理存货的工作水平。而当我们通过存货周转率来衡量存货管理水平时，我们可以将上面计算公式中的“营业收入”更换为“营业成本”，使得分子、分母口径一致。实际上，两种算法的差异仅仅在于毛利，计算结果都可使用，例如，B 公司本年存货成本周转次数 =2,659 ÷ 149=17.85。

企业存货也并不是越少越好，存货过多会占用企业资源，存货过少则可能造成供应不足，不同企业在特定的内外部条件下往往存在一个最佳存货水平，所以企业也不能在缺乏外部支撑的条件下一味追求“零库存”。此外，我们还必须关注企业存货的结构。产成品、半成品、在产品、原材料、低值易耗品共同构成了存货，正常情况下这一比例关系大体保持不变，如果产成品比例突然大幅提高，排除生产问题，则很可能是销售不畅所导致。信息使用者应关注附注中的存货结构，并与同期对比分析。

（2）流动资产周转率是营业收入与流动资产的比率，反映企业流动资产周转速度的指标。流动资产周转率也有三种表示方法：流动资产在一定时期内（通常为 1 年）的周转次数，流动资产的周转天数，流动资产与收入比。

流动资产周转次数=营业收入 ÷ 流动资产

流动资产周转天数=365 ÷（营业收入 ÷ 流动资产）

流动资产与收入比=流动资产 ÷ 营业收入 × 100%

根据表 8-1 和表 8-2，B 公司本期流动资产周转次数 =2,996 ÷ 756=3.96。

B 公司本期流动资产周转天数 =365 ÷ 3.96=92.17。

B 公司本期流动资产与收入比 =756 ÷ 2,996 × 100%=25.23%。

B 公司的流动资产周转次数为 3.96 次，即 1 年可以周转 3.96 次，平均周转一次需要 92.17 天，流动资产占全年收入比例为 25.23%。流动资产周转次数，表明 1 年中流动资产周转的次数。流动资产周转天数表明流动资产周转一次需要的时间，即流动资产转换成现金需要的时间。流动资产与收入比表明一元销售需要的流动资产投资额。

存货和流动资产周转率均反映企业的运营管理效率，其中存货直接和销售端相关联，还可以直接反映企业的销售能力，两者都是我们分析企业对于流动资产营运能力的重要指标。

9.3 营运资本周转率

营运资本周转率，是营业收入与营业资本的比率，反映营运资本在 1 年内的周转次数，是全面反映企业经济效益状况而设立的一个重要指标。营运资本周转率也有三种表示方法：营运资本在一定时期内（通常为 1 年）的周转次数，营运资本的周转天数，营运资本与收入比。

营运资本周转次数 = 营业收入 ÷ 营运资本

营运资本周转天数 =365 ÷（营业收入 ÷ 营运资本）

营运资本与收入比 = 营运资本 ÷ 营业收入 ×100%

根据表 8-1 和表 8-2，B 公司本期营运资本周转次数 =2,996 ÷（756-300）=6.57。

B 公司本期营运资本周转天数 =365 ÷ 6.57=55.56。

B 公司本期营运资本与收入比 =（756-300）÷ 2,996 × 100%=15.22%。

营运资本周转率，表明 1 年中营业资本周转的次数。营运资本周转天数，反映企业营运资本周转一次所需要的时间，也就是全部营运资本转化为现金所需要的时间。营运资本与收入比，反映每一元销售需要匹配的营运资本投资额。

营运资本周转率并不是越高越好，营运资本周转率过高，若是由于企业营运资金不足，则暗示短期偿债能力较差。使用营运资本周转率要综合考虑企业的资产和负债状态、供应商和分销商的信用程度、销售形势、企业自身的信用等级、资本市场的形式是否有利等多种因素，来决定企业适当的营运资本数量。企业需要在综合上述因素分析的基础上加强管理，提高营运资本的周转速度。

9.4　非流动资产周转率和总资产周转率

（1）非流动资产周转率，是营业收入与非流动资本的比率，反映非流动资产的管理效率。非流动资产周转率也有三种表示方法：非流动资产在一定时期内（通常为 1 年）的周转次数，非流动资产的周转天数，非流动资产与营业收入比。

非流动资产周转次数=营业收入 ÷ 非流动资产

非流动资产周转天数=365 ÷（营业收入 ÷ 非流动资产）

非流动资产与收入比=非流动资产 ÷ 营业收入 × 100%

根据表 8-1 和表 8-2，B 公司本期非流动资产周转次数 =2,996 ÷ 1,300=2.3。

B 公司本期非流动资产周转天数 =365 ÷ 2.3=158.7。

B 公司本期非流动资产与营业收入比 =1,300 ÷ 2,996 × 100%=43.39%。

（2）总资产周转率，是营业收入与总资产的比率，能够反映公司整体资产的管理效率。总资产周转率也有三种表示方法：总资产在一定时期内（通常为 1 年）的周转次数，总资产的周转天数，总资产与营业收入比。

总资产周转次数=营业收入 ÷ 总资产

总资产周转天数=365 ÷（营业收入 ÷ 总资产）

总资产与收入比=总资产 ÷ 营业收入 × 100%

根据表 8-1 和表 8-2，B 公司本期总资产周转次数 =2,996 ÷ 2,056=1.46。

B 公司本期总资产周转天数 =365 ÷ 1.46=250。

B 公司本期总资产与收入比 =2,056 ÷ 2,996 × 100%=68.62%。

非流动资产周转率和总资产周转率分别反映企业 1 年中非流动资产和总资产的周转次数。非流动资产周转天数和总资产周转天数，分别反映企业非流动资产和总资产周转一次所需要的时间，也就是分别转换为现金所需的时间。非流动资产周转率和总资产与收入比，分别反映每一元销售所需投入的非流动资产和总资产金额。

非流动资产和总资产周转率主要用于投资预算和项目管理，以确定投资与战略选择是否一致，收购和剥离等政策是否合理等。

通过对以上财务指标的分析，信息使用者可以了解企业内不同种类资产的使用效率，但是企业营运能力并不只是各类资产的运营效率，还包括人力资源的运用、企业资源的运用，特别是稀缺资源的运用等，仅仅依靠财务报表并不能够予以充分反映。如果信息使用者需要了解企业的全面信息，进行企业的竞争力及未来前景的分析，则还要充分了解企业的宏观、中观、微观环境。

第十章

公司盈利能力分析

盈利能力就是指公司在一定时期内赚取利润的能力，利润率越高，盈利能力就越强。对于经营者来讲，通过对盈利能力的分析，可以发现经营管理环节出现的问题。对公司盈利能力的分析，就是对公司利润率的深层次分析。盈利能力指标主要包括营业净利率、总资产净利率和权益净利率等。

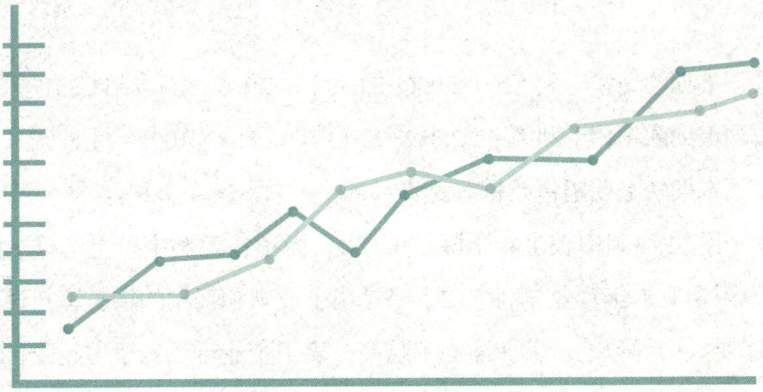

10.1 营业净利率

营业净利率，是企业一定时期营业利润与营业收入的比率。其计算公式为：

营业净利率＝净利润 ÷ 营业收入 ×100%

根据表 8-2 可知，B 公司本期的营业净利率 =150 ÷ 2,996 × 100%=5.01%。

B 公司上期的营业净利率 =176.25 ÷ 2,852 × 100%=6.18%。

B 公司本期较上期营业净利率变动 =5.01%-6.18%=-1.17%。

实务中也常用销售毛利率来衡量剔除费用影响因素后的收入成本利润率。其计算公式为：

销售毛利率＝（营业收入 - 营业成本）÷ 营业收入 ×100%

B公司本期的销售毛利率=（2,996-2,659）÷ 2,996 × 100%=11.25%。

B公司上期的销售毛利率=（2,852-2,514）÷ 2,852 × 100%=11.85%。

B公司本期较上期销售毛利率变动=11.25%-11.85%=-0.6%。

B 公司营业净利率较上年下降了 1.17%，而销售毛利率较上年仅下降了 0.6%，说明企业本年营业净利率的下降是由于成本和费用的增长率超过了收入增长率所共同导致的。营业净利率越高，表明企业市场竞争力越强，发展潜力越大，盈利能力越强。B 公司营业净利率下降，说明企业的盈利能力和发展潜力较上年有所降低。由于计算该指标的净利润和营业收入可以概括企业利润表的全部指标成果，因此我们可以通过分析该指标的相关影响因素来了解本期营业净利率的变动原因。我们把对净利润的影响因素按照占收入的比重进行分析，见表 10-1。

表 10-1　B 公司利润表结构分析

单位：万元

项 目	本期金额	上期金额	本年结构（%）	上年结构（%）	百分比变动（%）
一、营业收入	2,996	2,852	100.00%	100.00%	0.00%
营业成本	2,659	2,514	88.75%	88.15%	0.60%
营业税金及附加	19	19	0.63%	0.67%	−0.04%
销售费用	20	18	0.67%	0.63%	0.04%
管理费用	48	42	1.60%	1.47%	0.13%
研发费用	50	46	1.67%	1.61%	0.06%
财务费用	50	50	1.67%	1.75%	−0.08%
投资收益	6	4	0.20%	0.14%	0.06%
二、营业利润	156	163	5.21%	5.72%	−0.51%
营业外收入	45	72	1.50%	2.52%	−1.02%
营业外支出	1	0	0.03%	0.00%	0.03%
三、利润总额	200	235	6.68%	8.24%	−1.56%
所得税费用	50	59	1.67%	2.06%	−0.39%
四、净利润	150	176	5.01%	6.18%	−1.17%

通过表 10-1，我们不难看出各个因素对营业净利率本年下降的影响，其中，本期营业成本和管理费用增长幅度较快，分别增加了 145 万元和 6 万元；本期营业外收入下降幅度较快，下降了 27 万元，这三项对本期净利润的下降

均有较大影响。企业需要在成本和管理费用上加强分析，并梳理营业外收入大幅下降的原因。在对成本的分析上，企业需要深入到项目内部，如按照产品、项目、部门或客户群等对成本进行分析，此时需要依靠附注中所提供的资料，以及一些其他的披露信息。分析见表 10–2。

表 10–2　B 公司分产品毛利分析

单位：万元

产品类型	营业收入		营业成本		营业毛利		毛利率	
	本期	上期	本期	上期	本期	上期	本期	上期
A 类产品	1,593	1,885	1,912	1,913	−319	−28	−20%	−1%
B 类产品	499	466	276	297	223	169	45%	36%
C 类产品	904	501	471	304	433	197	48%	39%
合计	2,996	2,852	2,659	2,514	337	338	73%	74%

通过分析，我们不难看出，B 公司的产品结构中，A 类产品占据了营业收入的一半以上，可 A 类产品的毛利却是负数，即 A 类产品的成本大于收入，A 类产品已经失去了盈利能力。而 B 类产品和 C 类产品的毛利率较高，并有逐年增长的趋势。因此，B 公司应该果断扩大 B 类产品和 C 类产品的生产和销售，逐步替代 A 类产品，将 A 类产品所占用的产能和资源逐步释放，扩大 B 类产品和 C 类产品的市场份额。

营业净利率反映每 1 元营业收入带来的净利润是多少，表示营业收入的收益水平。从营业净利率的指标关系看，净利额与营业净利率成正比关系，而营业收入额与营业净利率呈反比关系。公司在增加营业收入额的同时，必须相应地获得更多的净利润，才能使营业净利率保持不变或有所提高。在对营业净利率的分析过程中，要细致了解各个因素对指标的影响，深入那些影响程度高的因素，分门别类进行相应分析，找出指标所展示出的标的企业运营过程中的问题和改进方向。

10.2　总资产净利率

总资产净利率是指公司净利润与资产总额的百分比，反映公司运用全部资产所获得利润的水平，即公司每占用 1 元的资产平均能获得多少元的利润。该指标越高，表明公司投入产出水平越高，资产运营越有效，成本费用的控制水平越高。该指标综合体现出企业管理水平的高低。其计算公式为：

总资产净利率 = 净利润 ÷ 资产总额 ×100%

根据表 8-1、表 8-2，B 公司本期总资产净利率 =150 ÷ 2,056 × 100%=7.30%。

B 公司上期总资产净利率 =176.25 ÷ 1,666 × 100%=10.58%。

B 公司总资产净利率本期较上期变动 =7.30%−10.58%=−3.28%。

B 公司总资产净利率较上年下降了 3.28%，说明 B 公司资产规模的扩大并未带来收益的合理增长。总资产净利率是公司盈利能力的关键，虽然股东报酬由总资产净利率和财务杠杆共同决定，但是一定条件下，企业的财务杠杆不可能无限增加，在达到财务杠杆临界后，提高股东报酬的途径就在于提高总资产净利率，分析如下。

总资产净利率 = 净利润 ÷ 资产总额

= (净利润 ÷ 营业收入) ÷ (营业收入 ÷ 资产总额)

= 营业净利率 × 总资产周转率

由上述公式推导可以看出，决定总资产净利率的两个因素是营业净利率和总资产周转率，具体影响分析见表 10−3。

表 10−3　总资产净利率的分解

单位：万元

项　目	本　年	上　年	变　动
营业收入	2,996	2,852	144
净利润	150	176.25	−26.25
总资产	2,056	1,666	390
总资产净利率（%）	7.30	10.58	−3.28
营业净利率（%）	5.01	6.18	−1.17
总资产周转率（次）	1.46	1.71	−0.25

由表 10−3 分析可见，总资产净利率本年较上年下降了 3.28%，营业净利率和总资产周转率两个因素中，营业净利率下降较多，下降了 1.17%，对于总资产净利率的影响也较大，因此企业应该主要从提高产品毛利的角度出发，找出解决问题的办法。

总资产净利率越高，表明企业的资产利用效率越高，注重增加收入和节约资金两个方面。利用该指标可以与企业历史资料、计划、同行业平均水平或先进水平进行对比，分析形成差异的原因。利用该指标还可以分析经营中存在的问题，从而提高销售利润率，加速资金周转。

10.3　权益净利率

权益净利率，也被称作净资产收益率，它是企业净利润与股东权益的比率，反映所有者权益所获报酬的水平。该指标反映每一元投入所赚取的净利润。权益净利率是所有财务指标中综合性最强、最具有代表性的指标。它不仅具有可量性、可控性、层次性和统一性，而且具有易操作的特性，因此，该指标可作为企业进行财务活动的目标。权益净利率指标的分解可以为企业进行财务分析、经营管控、业绩评价和经营计划编制提供思路。其计算公式为：

$$权益净利率 = 净利润 \div 股东权益 \times 100\%$$

根据表8-1、表8-2，B公司的本期权益净利率 =150÷1,016×100%=14.76%。

B公司的上期权益净利率 =176.25÷873×100%=20.19%。

B公司权益净利率本期较上期变动 =14.76%−20.19%=−5.43%。

B公司权益净利率较上期下降了5.43%，说明公司股东投入回报在下降。由于权益净利率分母是股东的投入，分子是股东的所得，因此权益净利率是企业最为看重的核心指标之一。权益净利率是非常综合的指标，概括了公司的全部经营业绩和财务业绩，且权益净利率具有很好的可比性，权益净利率是所有者和潜在所有者的投资回报，因此权益净利率可用于不同公司间的比较。由于资本具有逐利性，总是流向投资报酬率高的行业和公司，因此，最终各公司的权益报酬率会慢慢接近。如果一个行业或者一个企业的权益报酬率高于平均水平，就会引来众多竞争者，迫使该行业或企业的权益报酬率最终回归到平均水平。如果一个行业或者一个企业的权益报酬率低于平均水平，就会使得很多投资者退出该行业，从而降低竞争压力，并使得该行业或企业的权益报酬率最终也回归到平均水平，但这是一个长期、缓慢的变化过程。

某个行业或企业拥有超过平均水平的权益净利率，并不意味着企业什么都不能做，只能被动等待权益净利率回归到正常水平。相反，当只有少数企业存在于这个行业时，这些少数取得超额收益的企业投资者需要更快地收回投资金额。在这个过程中，拥有较高权益净利率的企业，应该抓住时机，利用优势，加强企业管理，扩大生产规模，降低单位产品成本；加大科研投入，促进产品更新换代，继续保持企业产品在本行业的先进水平，使得其他企业无法在短期内赶超。这样，优势企业可以进一步扩大竞争优势，使企业在行业竞争中占据有利的地位，为日趋激烈的竞争做好准备。当行业和企业的权益净利率开始回归后，在这个阶段较早进入的企业应该利用先前所拥有的技术、品牌、成本、销售等优势，尽可能地扩大或保持原先产品的市场占有率，使企业能够保持相对高的权益净利率。当行业和企业的权益净利率已经回归正常水平后，企业应根据实际情况，选择是继续在本行业进行竞争，还是选择其他行业进行转产。

而B公司本期权益净利率较上期下降了5.43%，如此核心的指标降幅巨大，信息使用者需要对此进行详细的分析，找出问题所在，尽早做出决策。

第十一章

公司发展能力分析

企业的发展能力，也称企业的成长性，它是企业通过自身的生产经营活动，不断扩大积累而形成的发展潜能。企业能否健康发展取决于多种因素，包括外部经营环境、企业内在素质及资源条件等。从形成方式上看，一个企业的发展能力，主要是通过自身的生产经营活动，不断扩大积累形成的，它主要依托于不断增长的营业收入、不断增加的资金投入和不断创造的利润等。从结果表现上看，一个发展能力强的企业，能够不断为它的股东创造财富，不断为企业本身增加企业价值。在公司发展能力上有三个关键指标往往为信息使用者所重视，分别是：销售增长率、资产增长率和股利分配政策。

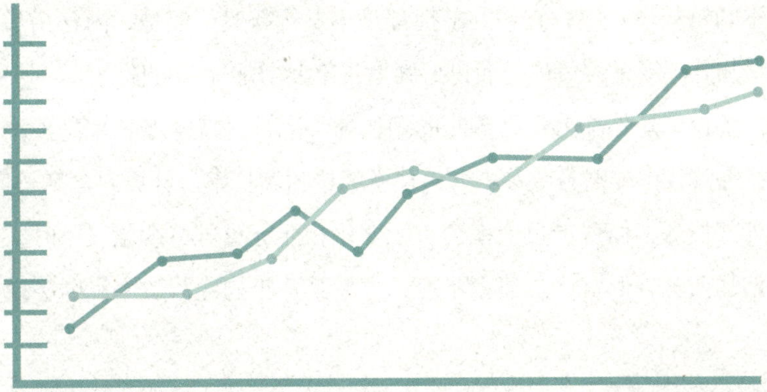

11.1 销售增长率

销售增长率是指企业本年销售增长额与上年销售额之间的比率，反映销售的增减变动情况，是评价企业成长状况和发展能力的重要指标。销售增长率是衡量企业经营状况和市场占有能力、预测企业经营业务拓展趋势的重要指标，也是企业扩张增量资本和存量资本的重要前提。其计算公式为：

销售增长率 =（本年销售额 − 上年销售额）÷ 上年销售额 ×100%

根据表 8-2，B 公司的销售增长率 =（2,996−2,852）÷ 2,852×100%=5.05%。

该指标越大，表明企业增长速度越快，企业市场前景越好。在增长率分析过程中，我们还经常会见到内含增长率和可持续增长率，它们与实际销售增长率又有所不同。

销售增长率是实际增长率，而内含增长率和可持续增长率都是指符合特定条件下的销售增长率，它们的前提都是不发行新股。但是，内含增长率同时也不增加外部筹集的负债，而可持续增长率要增加外部负债。

内含增长率是外部融资为零时的销售增长率，可持续增长率是不增发股票，保持经营效率和财务政策不变条件下的销售增长率。计算内含增长率时，不增加外部债务，但资产负债率会有所变化；而计算可持续增长率时，可以从外部增加债务，但资产负债率不变；如果某一年的经营效率和财务政策与上年相同，则实际增长率等于上年的可持续增长率。

尽管企业在不断追求高速的增长率，从而实现快速发展，抢占市场份额并形成规模优势，但是企业在特定时期的增长率是不可能无止境增长的。一个理智的企业在某一时期的增长率并没有多少选择的余地，尤其是长期来看更是如此。企业放松信用审核加大赊销力度，或者大举借债增加财务杠杆扩大生产，都容易引起资金流紧张。因发展过快导致经营困难最终破产的案例比比皆是，而企业发展过慢则容易被兼并。因此企业往往追求一个合理的增长速度，充分挖掘内外部各种资源的潜力，在发展与风险之间保持平衡。

11.2 资产增长率

资产是企业用于取得收入的资源，也是企业偿还债务的保障。资产增长是企业发展的一个重要方面，发展潜力高的企业一般都会保持资产的稳定增长。资产增长率有两个主要指标，分别是总资产增长率和净资产增长率。

总资产增长率是企业年末总资产的增长额同年初资产总额之比，它是分析企业当年资本积累能力和发展能力的主要指标。净资产增长率是指企业本期净资产增加额与上期净资产总额的比率。净资产增长率反映了股东拥有资本的扩张速度，是衡量企业净资产规模变动和成长状况的重要指标。两者的计算公式为：

$$总资产增长率 = 总资产增长额 \div 年初资产总额 \times 100\%$$

其中，总资产增长额 = 年末资产总额 − 年初资产总额。

$$净资产增长率 = 净资产增长额 \div 年初净资产额 \times 100\%$$

其中，净资产增长额 = 年末净资产额 − 年初净资产额。

根据表 8-1，B 公司总资产增长率 =（2,056−1,666）÷1,666×100%=23.41%。

B 公司净资产增长率 =（1,016−873）÷873×100%=16.38%。

B公司总资产增长率高于净资产增长率，说明总资产的增长超过净资产增长的部分，其资金来源于负债的增长。然而企业资产增长率高并不意味着企业的资产规模增长就一定适当。评价一个企业的资产规模增长是否适当，必须与销售增长、利润增长等情况结合起来分析。只有在一个企业的销售增长、利润增长超过资产规模增长的情况下，这种资产规模增长才属于效益型增长，才是适当的、正常的。如果一个企业资产的增长完全依赖于负债的增长，而所有者权益项目在年度里没有发生变动或者变动不大，则说明企业不具备良好的发展潜力。从企业自身的角度来看，企业资产的增加应该主要取决于企业盈利的增加。当然，盈利的增加能带来多大程度的资产增加还要视企业实行的股利政策而定。

为全面认识企业资产规模的增长趋势和增长水平，我们应将企业不同时期的资产增长率加以比较，同时，需要剖析企业资产增长的结构，即流动资产还是非流动资产、资产的流动性等，并将上述分析结果与销售和利润的增长综合置于行业内部进行横向评价。

11.3 股利分配政策

股利分配政策本质上是企业对投资者激励和未来长期增长之间的权衡，以实现企业价值最大化的财务目标。企业管理层对股利分配政策的选择具有重要影响。

11.3.1 股利分配政策

股利分配政策包括剩余股利政策、固定或持续增长的股利政策、固定股利支付率政策、低正常股利加额外股利政策。也有人将固定或持续增长的股利政策分拆为两种分配政策，称为固定股利政策和固定增长股利政策。

（1）剩余股利政策：指企业在有良好投资机会时，根据目标资本结构，测算出投资所需的权益资本额，先从盈余中留用，然后将剩余的盈余作为股利来分配，即净利润首先满足公司的资金需求，如果有剩余，就派发股利，如果没有，则不派发股利。采用剩余股利政策可以满足企业优先发展的需求，但对于追求稳定股利收益的投资者来说缺乏吸引力。

（2）固定或持续增长的股利政策：指企业将每年派发的股利额固定在某一特定水平，或是在此基础上维持某一固定比率，逐年稳定增长。采用固定股利政策有利于传递企业持续稳定发展的信息，有利于吸引追求稳定股利收益的投资者，但在企业留存收益不足的情况下会给企业带来额外负担，可能导致企业资金短缺。

（3）固定股利支持率政策：指企业将每年净利润的某一固定百分比作为股利分配给股东。该股利政策的优势在于将股利支付与企业当年的经营成果相挂钩，从而不会给企业带来额外负担。但对于投资者而言，股利可能随着企业盈余的剧烈变化而上下大幅波动。

（4）低正常股利加额外股利政策：指企业事先设定一个较低的正常股利额，每年除了按正常股利额向股东发放股利外，还在企业盈余较多、资金较为充裕的年份向股东发放更多的股利。该股利政策使得企业具有较大灵活性，企业可以根据实际经营情况和企业未来整体战略灵活调整，有利于平衡投资者激励和未来长期增长。

11.3.2 影响管理层选择股利政策的因素

不同的股利政策体现了管理层对待企业未来长期发展所需资金来源的不同选择，选择何种股利政策需要考虑的影响因素有以下几点。

（1）契约约束：企业在借入不同类型的债务时，债务合同对企业发放现金股利通常都有不同的限制，企业的股利政策不能违背这类契约对利润分配的约束。

（2）法律约束：为维护有关各方的利益，法律法规也对企业的利润分配顺序、资本充足性等方面有所规范，企业的股利政策不能违反这些法律规范。

（3）资金计划约束：企业发放现金股利必须有足够的现金。如果企业没有安排好资金或者没有实现资金计划中的利润分配安排，则无法完成既定的现金股利分配。

（4）投资机会：如果企业拥有良好的投资机会，且投资项目对资金的需求量较大，则企业很可能会考虑少发现金股利，从而将较多的盈余资金用于投资和发展上；相反，如果企业的投资机会少，资金需求量小，则企业有可能多发现金股利。因此，企业在确定其股利政策时，需要对其未来的发展趋势和投资机会做分析，以作为制定股利政策的依据之一。

（5）资本成本：企业应保持一个相对合理的资本结构和资本成本。企业在确定股利政策时，应全面考虑资金来源和相应筹集资金部分的使用成本，避免为了实现既定股利政策而严重背离企业的目标资本结构和资本成本，防止出现严重的财务风险。

（6）偿债能力：偿债能力是企业确定股利政策时要考虑的另一个基本因素。尤其对于现金股利的分配，大量的现金支出必然影响企业的资金平衡。因此，企业在确定是否进行现金股利分配和现金股利分配的数量时，通常也会结合企业资金状况考虑股利分配后对可偿债能力的影响，以维护企业的信誉和后续筹资能力。

（7）信息传递：股利分配是企业向外界传递的关于公司财务状况和未来前景的一条重要信息。企业在确定股利政策时，必须考虑外界对这一政策可能产生的反映。

信息使用者透过企业的股利分配政策可以窥探管理层对于企业发展现状的思考和未来发展的预判。

第十二章

公司市场价值分析

企业价值评估是现代市场经济的产物，是对评估基准日特定目的下的企业价值进行评定估算，实际上是一种模拟市场判断企业价值的过程。企业进行价值评估的目的是帮助投资人或企业管理层改善决策。

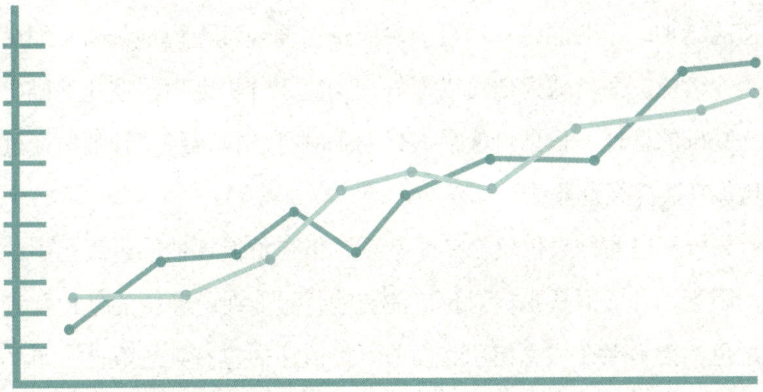

12.1 公司市场价值评估基础

投资人有的信奉技术分析，有的相信价值分析，相信价值分析的人会认为企业的价值与财务数据之间存在关系，且这种关系在一段时间内是稳定的，即价格的偏离终究是围绕价值在上下波动。投资人据此寻找价格低于价值的投资标的，在价格回归过程中获得收益，这就是“价值投资”。因此企业价值分析可以帮助这部分投资人进行投资决策，也可以帮助其他信息使用者了解企业价值构成。

价值分析可以用于战略分析，战略分析是指使用定价模型清晰地说明经营设想和发现这些设想可能创造的价值，目的是评价企业目前和今后增加股东财富的关键因素，其中，价值分析在战略分析中起到核心作用。

价值分析还可以用于以价值为基础的管理，企业的经营目标是实现企业价值最大化，而股东财富就是企业价值，那么企业决策正确与否的标准就是企业价值的增加。企业的每一项重大决策都需要经过谨慎地判断，即是否可以增加企业价值。而价值评估可以很好地为决策分析助力，在此基础上实行以价值为基础的管理，依据价值最大化原则制订和执行经营计划，通过衡量价值的增加来监控经营业绩。

价值分析得出的结果仅仅是一个数据，但在价值评估的过程当中，企业价值驱动因素、各项财务指标对价值的影响，企业在行业中的地位和竞争态势等信息也都会呈现在信息使用者面前。价值评估也有其局限性：市场是有效却不完善的，即市场只在一定程度上有效，并非完全有效。市场中也不乏价格与价值相去甚远的投资标的，我们还需要寻找其他原因加以分析。

企业价值评估的是企业的整体价值，而不是各个部分价值的简单相加，它是各个部分的有机结合。这种有机结合使得整体具备了各个部分简单相加所没有的整体性功能。企业的整体性功能表现为它可以通过各个部分的有机运转为股东增加财富，这是单项部分所不具备的。企业是有组织的资源，资源的结合方式不同就可以产生不同效率的企业，造成不同价值的实体单位。企业整体具有价值还体现在它可以为投资人带来现金流，这些现金流是企业整体有机运转的产物，并不是出售各个单项的结果。因此，企业的整体价值来源于要素的结合方式，企业重组即是改变要素的结合方式，从而改变企业的功能和效率。而各个部分也只有在整体中才能体现出价值，部分依赖整体，整体支配部分。一个单项如果被剥离出整体，其功能和价值就会有别于在原有整体中的功能和价值，而被剥离部分单项的整体，也会不同于原来的整体。

企业市场价值不同于会计价值和现时市场价值。

（1）会计价值是指资产、负债、所有者权益的账面价值，会计价值大多采用历史价值，比如购买的土地，如果采用成本法计量，则尽管十年后土地价格已经翻了好几倍，可在企业的账面上仍旧是十年前的价格。这是因为历史成本具有客观性，更容易计量，而现时市场价值容易被人为操控。但历史成本有不可避免的缺点。

①历史成本面向过去，而企业的经营、投资决策必须以现时和未来预估的信息为依据，使用历史成本对于经营、投资决策来说缺乏相关性。

②历史成本不能够反映企业的真实财务状况，所以我们也同时引入了公允价值、可变现净值、重置成本等多种概念予以弥补，可这又带来了不同资产计价方式不同、无可比性的问题。

③由于企业不同资产的采购时期不同，因此不同时期的资产价格也无法统一到一个时点上的价值。

除此之外，我们使用的财务报表在经营、投资决策上也存在缺点：没有关注未来。财务报表的各项数据不仅很少考虑现有资产的未来收益，而且把许多影响未来收益的因素排除在外，比如管理水平、商誉（非并购形成）、客户忠诚度、未决诉讼、对外担保等。尽管财务报表在评价企业价值方面有上述缺陷，但无论使用哪种企业价值评估方法，其数据基础、数据逻辑依旧来源于财务报表及其相关信息。

（2）现时市场价值是按照现行市场价格计量的资产价值，它可能是公平的，也可能是不公平的。原因有以下几点。

①作为交易对象的企业，通常没有完善的市场，也没有现成的市场价格。即使是上市公司，其在二级市场上交易的股票也只有少数股权，多数股权并不参与交易，因此其市价只是少数股东认可的价值，未必代表公平价值。而代表控制权的股权价值远比少数股权价值要高。

②交易双方存在信息不对称，预期有差异，价格就很可能是不公平的。

③评估的目的是找到价格低于价值的投资标的，如果企业现实市场价值就是公平市场价值，就失去了价值评估的意义。企业价值评估就是通过模型构建测出企业的公平市场价值。

企业能够给投资者提供价值有两种方式：持续经营和清算。前者是营业所产生的未来现金流量的现值，后者是出售资产产生的现金流。我们在评估企业价值时，首先明确分析标的是一个持续经营实体还是一个清算实体，通常，我们评估的是企业持续经营的实体价值。

最常见的企业价值评估方法有现金流量折现法和相对价值法，现金流量折现模型是企业价值评估使用最广泛、理论最健全的模型，它的基本思想是增量现金流量原则和时间价值原则，也就是任何资产的价值都是其产生的未来现金流量按照含有风险的折现率计算的现值。现金流量折现模型比较复杂，大多数信息使用者往往难以拿到未来现金流量的相关数据，且含有风险的折现率也无法测算精准。而相对价值法容易被理解，它是利用类似企业的市场定价来估计目标企业价值的一种方法，它假设存在一个支配企业市场价值的主要变量，市场价值与该变量的比值，不同企业是可比的。对信息使用者来说，相对价值法的测算所需数据相对容易获得，过程容易理解，但在实务中要注意针对的问题，方可得到较为准确的结论。

相对价值法又称为价格乘数法或可比交易价值法，我们重点关注这三种最常用的股票市价模型：市盈率模型、市净率模型和市销率模型。

12.2 市盈率模型

市盈率是普通股票每股市价和每股盈余的比率。市盈率反映了在每股盈利不变的情况下，当派息率为100%，并且所得股息没有进行再投资的条件下，经过多少年投资可以通过股息全部收回。一般情况下，一只股票的市盈率越低，市价相对于股票的盈利能力越低，表明投资回收期越短，投资风险就越小，股票的投资价值就越大；反之则结论相反。

$$
\begin{aligned}
\text{市盈率} &= \text{每股市价} \div \text{每股收益} \\
&= \text{总市值} \div \text{净利润}
\end{aligned}
$$

（1）市盈率估值模型。运用市盈率估值的模型如下。

$$\text{目标企业每股市价} = \text{可比企业市盈率} \times \text{目标企业每股收益}$$

$$\text{目标企业价值} = \text{目标企业每股市价} \times \text{目标企业股数}$$

市盈率模型假设每股市价是每股收益的一定倍数，每股收益越大，则每股价值越大。同类企业有类似的市盈率，所以目标企业的每股价值可以用每股收益乘以可比企业市盈率计算。

（2）市盈率的分类。市盈率一般分为动态市盈率和静态市盈率，上市公司一般都会对这两种市盈率进行披露。

静态市盈率是当前股票价格与过去一年年度报告显示的每股收益的比值，因而是比较滞后的。静态市盈率反映的是过去的盈利能力，不代表当前或未来的盈利能力，具有一定的滞后性，所以静态市盈率也有某些陷阱。比如很多 ST/*ST 股票的上市公司在上一个年底成功重组后，业绩出现了暴增，往往却只有几倍的静态市盈率。

动态市盈率则是指还没有真正实现的下一年度的预测利润的市盈率。跟静态市盈率相比，动态市盈率虽然分子分母配比上没有问题，但是动态市盈率的准确性取决于对于未来实现每股收益的准确预测。在使用上，目标企业本期净利必须要乘以可比企业本期市盈率，目标企业预测净利必须要乘以可比企业预期市盈率，两者要匹配。这一原则也适用于市销率模型和市净率模型。

市盈率模型的数据比较容易取得，尤其是可比上市企业的市盈率指标每期都会公布，并且计算简单；市盈率把价格和收益联系在一起，直接反映投入和产出的关系；该指标把风险、增长率、股利支付率都囊括其中，具有很高的综合性。但市盈率模型只适用于连续取得盈利的企业，如果企业盈利为负数，则该指标会失去评价意义。

12.3 市净率模型

市净率是每股市价和每股净资产的比率。每股净资产是股票的账面价值，它是用成本计量的；每股市价是这些资产的现时市场价值，是证券市场交易的结果。市净率侧重于对未来盈利能力的期望。市净率能够较好地反映出“有所付出，即有回报”，它能够帮助投资者寻求哪个上市公司能以较少的投入得到较高的产出。对于大的投资机构，它能帮助其辨别投资风险。

$$\begin{aligned}市净率 &= 每股市价 \div 每股净资产\\ &= 总市值 \div 净资产\end{aligned}$$

运用市净率估值的模型如下。

$$目标企业每股市价 = 可比企业市净率 \times 目标企业每股净资产$$

$$目标企业价值 = 目标企业每股市价 \times 目标企业股数$$

市净率指标规避了市盈率指标的不足，因为大多数企业市净率均为正数。其次，市净率指标的数据更易获得，净资产数据从财务报表就能直接得到。净资产的账面价值比较稳定，也不容易被人为操控。如果企业会计标准合理且各企业会计政策一致，则市净率的变化可以反映企业价值的变化。

但市净率也有其不足之处，市净率指标中净资产的价值受到会计政策选择的影响。比如投资性房地产，根据不同意图可以用成本法计量，也可以用公允价值计量。如果类比企业用的会计政策与标的公司不同，则市净率会失去可比性。再如，服务类和高科技企业往往资产都比较少，净资产与企业价值关系不大，使用市净率会大大低估企业价值。因此市净率最适用于拥有大量资产且净资产大于零的企业。

12.4 市销率模型

市销率是每股市价与每股营业收入的比率。收入分析是评估企业经营前景至关重要的一步。没有销售，就不可能有收益。这也是最近两年在国际资本市场新兴起来的市场比率，主要用于创业板企业或高科技企业。在纳斯达克上市的公司不要求有盈利业绩，因此无法用市盈率对股票投资的价值或风险进行判断，而用该指标进行评判。同时，在国内证券市场运用这一指标来选股，可以剔除那些市盈率较高，但主营业务没有核心竞争力，主要依靠非经营性损益增加利润的股票（上市公司）。因此该项指标既有助于考察公司收益基础的稳定性和可靠性，又能有效把握其收益的质量水平。

市销率 = 每股市价 ÷ 每股营业收入

= 总市值 ÷ 营业收入

运用市销率估值的模型如下。

目标企业每股市价 = 可比企业市销率 × 目标企业每股营业收入

目标企业价值 = 目标企业每股市价 × 目标企业股数

企业的销售收入基本为正数，对于亏损企业和资不抵债的企业都可以使用。市销率对价格政策和企业战略变化敏感，使用市销率可以反映这种变化。但市销率无法反映成本的变化，而成本是反映企业现金流量和价值的重要因素之一。因此，市销率适用于销售成本较低的企业或销售成本趋同的传统行业。

以市盈率模型、市净率模型和市销率模型为代表的相对价值法，在运用上最大的困难之一在于如何选择可比公司，通常可以选择一组同类上市公司，计算出它们的平均市价比率，作为估计目标企业价值的乘数。如果符合条件的企业较多，则可以进一步根据规模的类似性进行筛选，以提高可比性的质量。同时在使用这三种比率的时候，要考虑标的企业相对于可比公司在关键因素上的偏差，并做相应的修正。影响这三种比率的关键指标如下。

影响市盈率的关键指标：增长率。

影响市净率的关键指标：权益净利率。

影响市净率的关键指标：销售净利率。

例如，B 公司每股收益 0.5 元，假设预期增长率是 15.5%，而可比公司的增长率见表 12-1。

表 12-1 可比公司的预期增长率

企业名称	本期市盈率	预期增长率 %
A 公司	22.50	12
B 公司	34.11	16
C 公司	31.22	18
平均数	**29. 28**	**15. 33**

修正的平均市盈率 = 可比公司平均市盈率 ÷（可比公司平均预测增长率 × 100）=29.28 ÷ 15.33=1.91。

B 公司每股价值 = 修正的平均市盈率 × 目标公司预期增长率 ×100× 目

标公司每股收益 =1.91×15.5%×100×0.5=14.80。

对于企业价值的评估和分析是一种经济“评估”方法，评估不同于计算，是一种定量的分析方法，它可能并不是完全科学和客观的。因为尽管使用了很多的定量分析模型，且这些模型具有一定的科学性和客观性，但是它们同时也需要一些主观估计，比如对于可比公司的选择、对于风险利率的测算等。只有谨慎判断并使用价值评估过程中的主观估计，企业价值评估才可以得出较为准确的结果，从而通过价值评估为管理层或投资者的重大决策提供有价值的依据。

第十三章

财务报表分析方法

财务报表的分析方法有很多，有比较分析法、因素分析法、杜邦分析法等。不同的信息使用者基于不同的使用目的可以采取不同的财务报表分析方法，这里介绍两种具有代表性的分析方法：因素分析法和杜邦分析体系。前者侧重于具有明显驱动因素的各项指标分析，后者则针对最具代表性的企业财务指标——权益净利率。

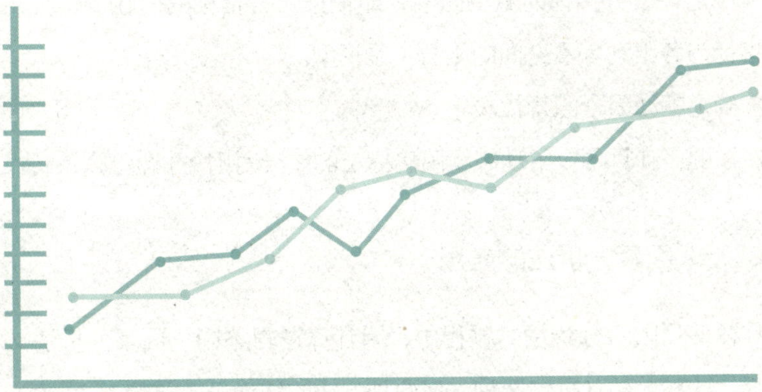

13.1 因素分析法

因素分析法是依据财务指标与其驱动因素的关系，从影响程度上确定各因素对指标变动的定量分析。该方法将各项待分析财务指标分解为可以量化的因素，并根据各个因素之间的依存关系，顺次用各因素的比较值（通常为实际值）代替基准值（通常为历史值、标准值、计划值），据以测定各项因素对财务指标的影响。

13.1.1 因素分析法的步骤

因素分析法一般分为以下四个步骤。

（1）确定分析对象，即确定需要分析的财务指标，比较其实际数额和标准数额之间的差额。

（2）确定该财务指标的驱动因素，即根据财务指标的内在逻辑关系，建立财务指标与各驱动因素之间的函数关系模型。

（3）确定驱动因素的替代次序。

（4）按顺序计算各个驱动因素脱离标准的差异对财务指标的影响。

13.1.2 因素分析法的应用

在具体使用因素分析法的过程中，因计算逻辑不同，因素分析法又可分为连环替代法和差额计算法两种，但两种方法的结论是一致的。

例如，B 公司 20×8 年生产的产品所耗用的某种材料费用的实际数额为 8,775 万元，而其计划数是 6,885 万元。实际比计划增加 1,890 万元。由于材料费成本由产品产量、材料单耗和材料单价三个驱动因素组成，因此可以把材料成本这一总指标分解为三个因素，然后逐个分析它们对材料成本总额变动的影响程度，见表 13-1。

表 13-1　B 公司某项目成本明细

项目	单位	计划数	实际数	差异
产品产量	件	135	150	15
材料单耗	千克 / 件	8.5	9	0.5
材料单价	万元 / 千克	6	6.5	0.5
材料成本	万元	6,885	8,775	1,890

根据表中资料，材料成本的实际数增加了 1,890 万元，这是分析对象。

（1）采用连环替代法，计算各个因素变动对材料成本总额的影响程度，计算过程如下。

①连环替代分析。

计划指标 =135×8.5×6=6,885 万元。

第一次替代：150×8.5×6=7,650 万元。

第二次替代：150×9×6=8,100 万元。

第三次替代：150×9×6.5=8,775 万元。

②各因素变动的影响程度分析。

产品产量增加的影响额 =7,650−6,885=765 万元。

材料单耗增加的影响额 =8,100−7,650=450 万元。

材料单价增加的影响额 =8,775−8,100=675 万元。

全部因素的影响额 =765+450+675=1,890 万元。

通过上述计算我们可以看出，产品产量的增加使得材料成本总额增加了765 万元，材料单耗的增加使得材料成本总额增加了 450 万元，材料单价的增加使得材料成本总额增加了 675 万元。由此可见，连环替代法中依次替代驱动因素的计算方法，可以计算出各个因素变动对某项财务指标的具体影响。但如果驱动因素很多，而关键因素很少，则使用连环替代法相对复杂，因此，就需要使用差额计算法。

（2）采用差额计算法，只计算关键因素对财务指标的影响程度，计算过程如下。

产品产量增加的影响额=（150−135）×8.5×6=765万元。

材料单耗增加的影响额=150×（9−8.5）×6=450万元。

材料单价增加的影响额=150×9×（6.5−6）=675万元。

两种计算方法的结果是完全一致的。首先，因素分析法的最大功用，就是运用数学方法对可观测的事物在发展中所表现出的外部特征和联系进行由表及里、由此及彼、去粗取精、去伪存真的处理，从而得出客观事物普遍本质的概括。其次，使用因素分析法可以使复杂的研究课题大为简化，并保持其基本的信息量。

（3）因素分析法在企业营业利润分析中的应用。我们还可以使用因素分析法对企业的营业利润进行分析，分析过程如下。

毛利润 = 销售收入 − 销售成本

= 销售单价 × 销售数量 − 销售成本 × 销售数量

上年毛利润 = 上年销售单价 × 上年销售数量 − 上年单位销售成本 × 上年销售数量

①由于销量变动的影响因素为：

销量变动的影响 = 上年销售单价 ×（本年销售数量 - 上年销售数量）-
上年单位销售成本 ×（本年销售数量 - 上年销售数量）

②由于销售单价变动的影响因素为：

销售单价变动的影响 =（本年销售单价 - 上年销售单价）×
本年销售数量

③由于成本单价变动的影响因素为：

成本单价变动的影响 = 本期销售数量 ×（本年单位销售成本 -
上年单位销售成本）

通过梳理影响毛利的指标驱动因素，并计算了解不同因素变动对毛利的影响，这种计算方法还适用于利润总额、净利润等一系列反映企业财务状况且具备明确驱动因素的指标分析当中。总之，因素分析法是财务指标分析的重要工具。使用这种方法能够使研究者把一组反映事物性质、状态、特点等的财务指标简化为少数几个能够反映出事物内在联系的、固有的、决定事物本质特征的因素，使得我们对财务数据有更为深刻的认识。

13.2 杜邦分析体系

杜邦分析体系，又称杜邦财务分析体系，是利用各主要财务比率之间的内在联系，对公司财务和经营成果进行综合评价的系统性分析方法。该体系以权益净利率指标为核心，以总资产净利率和权益乘数为分解因素，重点揭示公司获利能力和财务杠杆水平对权益净利率的影响，以及各相关指标间的相互关系。

13.2.1 杜邦分析体系的核心比率

权益净利率是杜邦分析体系的核心比率，具有很好的可比性，可用于不同公司之间的比较。由于资本具有逐利性，总是流向投资报酬率高的行业，最终使得所有行业的投资报酬率趋于接近，因此权益报酬率不可能长时间保持高于行业水平，只能暂时领先，企业要追求的也是如何通过核心能力的提升，在一段时间内保持或突破权益净利率的平均水平。除此之外，权益净利率不仅具有很强的可比性，而且具有很强的综合性。权益净利率的指标分解如下。

$$\begin{aligned}\text{权益净利率}&=(\text{净利润}\div\text{总资产})\times(\text{总资产}\div\text{股东权益})\\&=(\text{净利润}\div\text{营业收入})\times(\text{营业收入}\div\text{总资产})\times\\&\quad(\text{总资产}\div\text{股东权益})\end{aligned}$$

=总资产净利率 × 权益乘数

=营业净利率 × 总资产周转率 × 权益乘数

由上述推导公式可以看出，权益净利率有三个驱动因素，分别是营业净利率、总资产周转率和权益乘数。营业净利率是净收入与营业收入的比率，综合代表利润表中所展示的企业经营成果；权益乘数是资产和负债的一种概括比率，综合代表企业的基本财务状况；总资产周转率是营业收入和资产的比率，反映企业的运营能力，并且是利润表和资产负债表有机结合的财务指标。这三项指标分别为公司的盈利能力、营运能力和负债水平的三个核心指标，三项指标组合在一起形成了企业的权益净利率，因此权益净利率具有很强的综合性。

13.2.2　杜邦分析体系框架

杜邦分析体系是一个多层次的财务比率分解体系。各项财务比率，可在每个层次上与本公司历史或同业财务比率比较，如果预算健全，也可以和计划数比较，然后逐一向下分解，逐步覆盖公司经营的每个环节，从而能够实现系统、全面地评价公司财务状况和经营成果的目的。

在企业实际经营情况不及预期或与整体行业趋势不相匹配时，通过对杜邦分析体系所罗列的因素逐层分解，并进行深入分析和横向对比，企业可以找出存在差距的具体环节及产生的原因，针对企业可以改善的因素，管理层可以制定整改措施；针对企业短期无法改善的因素，如一些资源禀赋上的劣势，管理层可以制定长期战略，通过并购、合作等方式获取长期竞争优势。总之，杜邦分析体系为管理层改善经营提供了财务角度的决策依据。

杜邦分析体系的基本框架图如图 13-1。

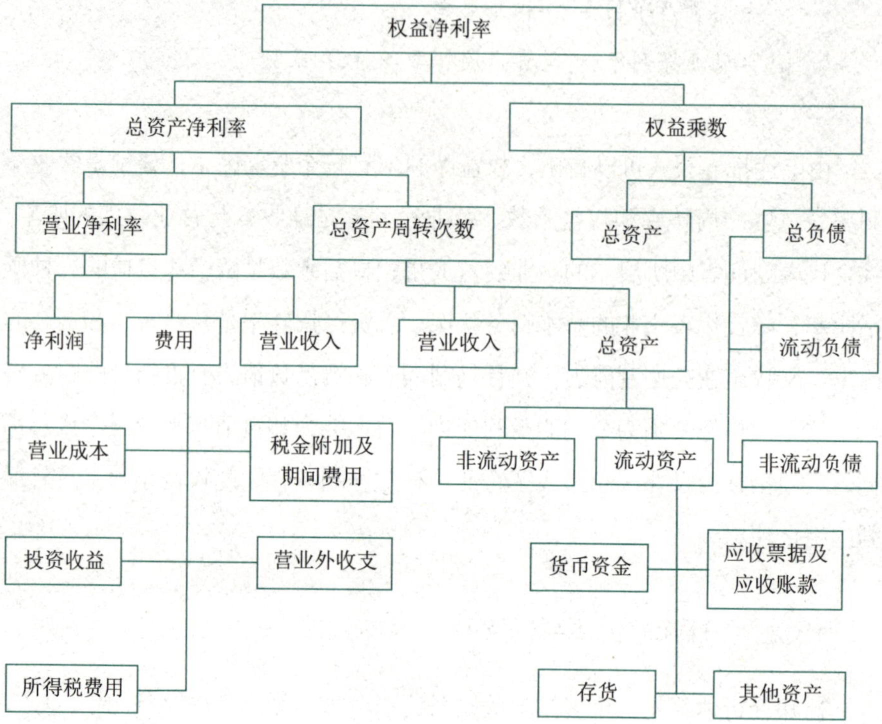

图 13-1　杜邦分析体系

（1）杜邦分析的第一个层次。杜邦分析体系第一层次的分解是把权益净利率分解为营业净利率、总资产周转率和权益乘数。这三个比率在不同企业之间可能存在显著差异。通过对差异的比较，公司可以得出本公司在经营管理和财务政策上与可比公司的异同之处。

分解出来的营业净利润和总资产周转率可以反映公司的经营战略。有的公司营业净利率较高，而总资产周转率较低；有的公司则刚好相反，营业净利率较低，而总资产周转率较高。这是因为，为了提高营业净利率，就要增加产品附加值，而这往往需要增加投资，引起总资产周转次数下降。通常，制造业的营业净利率如果较高，则其总资产周转率都较低。而零售业的周转次数都较高，营业利润相对较低。企业是采取“高周转、低盈利”模式还是

“高盈利、低周转”模式，是根据企业内外部环境和自身资源做出的战略选择。因此，如果不对比，只评价营业净利率的高低而忽略了运营能力，是无法看出业绩好坏的；或者仅仅评价总资产周转率的高低而忽略盈利能力，也是没有实际意义的。而把两者结合起来评价总资产净利率的高低，才能真正反映管理者运用资产赚取盈利的能力，在运营能力的基础上评价利润率才能更准确地评判盈利能力。

作为杠杆水平的权益乘数可以反映企业的财务政策。在营业净利率和总资产周转率不变的情况下，提高财务杠杆就可以提高权益净利率，即提高股东回报。但是财务杠杆的提高，会同时提高企业的财务风险，财务杠杆的合理水平是企业最重要的财务决策之一。一般来说，总资产净利率较高的企业，如果不是追求激进发展，其财务杠杆通常较低。即便企业想通过增加财务杠杆水平追求激进的发展，也会受到债权人的限制，因为债权人并不分享企业激进发展的经营成果，而只是收取固定资金回报，因此债权人会更多考虑资金的风险，而倾向于提供贷款给未来经营现金流量比较稳定的企业。如果经营上达不到债权人的要求，企业必然会放宽信用标准，甚至牺牲价格，薄利多销，而这又会导致较低的总资产净利率。因此，经营风险低的企业可以得到较多贷款，其财务杠杆较高；而经营风险高的企业只能得到较少的贷款，其财务杠杆较低。因此，总资产净利率与财务杠杆负相关，共同决定了公司的权益净利率。企业必须使其财务政策与经营战略相匹配。

（2）杜邦分析体系的第二个层次。杜邦分析体系的第二个层次是影响权益净利率的三个核心因素：营业净利率、总资产周转率、权益乘数。下面依次进行分解。

营业净利率可以分解为：营业收入、成本费用税金、净利率三项驱动因素。

总资产周转率可以分解为：营业收入和总资产两项驱动因素。

权益乘数可以分解为总资产和总负债两项驱动因素。

这些驱动因素也可以根据分析需求做更进一步分解。

将权益净利率层层分解后，我们就可以在每一个层次上进行财务比率分解和比较，通过与上年比较可以识别变动的趋势，通过与计划数的比较可以识别目标差距，通过与同行业的比较可以了解在同业中的优劣势。分解的目的是识别引起变动的原因，并衡量其重要性，为后续指标数据分析、提高管理水平指明方向。

13.2.3 杜邦分析体系的应用

我们以表 8-1、表 8-2 的 B 公司数据为例，通过对 B 公司权益净利率及其驱动因素本年数与上年数的对比，分析权益净利率变动的原因及影响程度。B 公司相关数据见表 13-2。

表 13-2 B 公司权益净利率相关数据

单位：元

项目	本年数	上年数	差异
净利润	150.00	176.25	−26.25
营业收入	2,996.00	2,852.00	144.00
总资产	2,056.00	1,666.00	390.00
股东权益	1,016.00	873.00	143.00
营业净利率	5.0%	6.2%	−1.2%
总资产周转率	1.46	1.71	−0.25
权益乘数	2.02	1.91	0.11
权益净利率	14.8%	20.2%	−5.4%

$$权益净利率 = 营业净利率 \times 总资产周转率 \times 权益乘数$$

B公司本年权益净利率=5.0%×1.46×2.02=14.8%。

B公司上年权益净利率=6.2%×1.71×1.91=20.2%。

B公司权益净利率本年相较上年变动额=14.8%−20.2%=−5.4%。

与上年相比，权益净利率下降了 5.4%，公司整体业绩相对上年有所降低，主要原因是营业净利率和总资产周转率的下降，尽管权益乘数有所提高，但总体业绩不如上年。各驱动因素影响程度计算如下。

本年营业净利率替代计算的上年权益净利率=5.0%×1.71×1.91=16.33%。

营业净利率变动的影响=16.33%−20.2%=−3.87%。

本年营业净利率、本年总资产周转率替代计算的上年权益净利率=5.0%×1.46×1.91=13.94%。

总资产周转率变动的影响=13.94%−16.33%=−2.39%。

权益乘数变动的影响=14.8%−13.94%=0.86%。

通过分析得知，营业净利率的下降，使得权益净利率减少了 3.87%；总资产周转率的下降使得权益净利率减少了 2.39%；代表财务杠杆的权益乘数的提高使得权益净利率增加了 0.86%。综合三项驱动因素，最终权益净利率减少了 5.4%。企业管理层和信息使用者，应该更加关注营业净利率和总资产周转率的下降，并进入下一层的分解和分析，重点关注营业净利率、总资产周转率的变动原因，通过前面介绍的各项财务比率计算逻辑，使用因素替代法加以详细分析，找出权益净利率大幅下降的问题所在。

通过杜邦分析体系对企业历史不同时期、行业内不同竞争对手的分析，企业能较为深入地分析企业的优势和劣势，找出股东回报率低的原因，然后对症下药。例如，如果销售净利率比较低，则说明公司的盈利能力不强；如果总资产周转次数很高，则说明企业的营运能力很强，产品从销售到收回现金的时间较短，产品属于薄利多销型；如果销售净利率比较高，则说明盈利能力很强；如果总资产周转次数很低，则说明企业的营运能力很弱，产品从销售到收回现金的时间较长，产品属于厚利少销型；如果权益乘数较低，说明企业没有充分利用财务杠杆的作用，因为权益乘数 =1+ 负债 ÷ 股东权益，这个时候增加借款会提高权益净利率。但权益乘数的提高不是无限制的，负债增多，企业的财务风险就会增大，因为每年需要偿还大量的固定利息。公司的资产负债率升高，再借款时的利率就会更高，甚至可能会超过公司资产的收益率，企业需要制定合理的财务杠杆水平。

总之，杜邦分析体系给管理层提供了一张明晰的考察公司资产管理效率和最大化股东投资回报的路线图，同时也给信息使用者摸清企业财务状况和经营成果的影响因素提供了完整的脉络。

第十四章

精通管理用财务报表

在杜邦分析体系中，有一个核心财务指标——权益净利率。权益净利率指标覆盖了企业盈利能力、营运能力和财务杠杆水平，从而能够综合反映企业的财务状况。但基于传统财务报表数据形成的权益净利率指标在实际使用过程中是存在缺陷的。

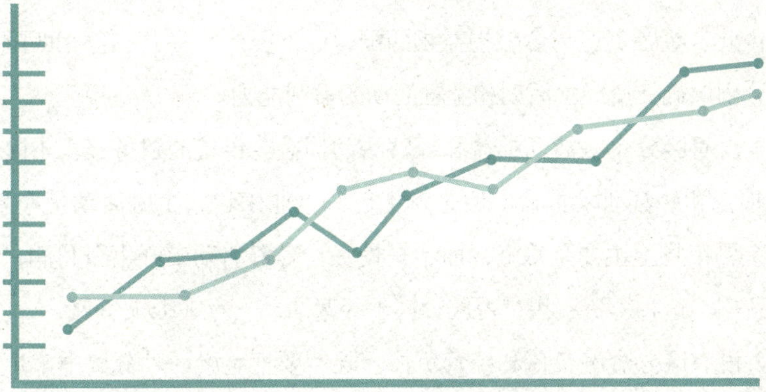

14.1 传统财务报表的局限性

杜邦分析体系中的权益净利率被广泛使用，但由于传统财务报表存在一定的局限性，从而影响权益净利率的数据分析质量，这主要表现为以下几点。

（1）驱动因素的总资产净利率的“总资产”和“净利润”不匹配，总资产的所有者是全体投资人，包括债权人和股东。而净利润只归股东所有（归债权人享有的利息部分已扣除）。由于总资产和净利润的指标不匹配，导致该指标不能反映实际的报酬率，分子、分母需要做一定的调整使其能够匹配。企业资金的提供者既包括债权人，也包括股东，因此需要分别计算债权人和股东投入的资本，并分别计量这些资本所产生的回报，才能够使得回报与投入相匹配，从而得出准确的企业盈利能力。

（2）传统财务报表没有区分金融资产和经营资产，从财务管理的角度看，企业的金融资产是尚未投入实际经营活动的资产，应将其与经营活动资产相区别。由此，金融资产与金融损益相匹配，经营资产与经营损益相匹配，从而可以分别准确计量经营活动和金融活动的盈利能力。

（3）没有区分金融活动损益和经营活动损益。传统的财务报表不区分金融活动损益和经营活动损益。但是对于传统企业来说，金融活动是净筹资，他们在金融市场上主要是筹资，而不是投资。筹资活动不产生净利润，而是支出净费用。这种筹资费用是否应该属于经营活动，存在很大争议。

（4）没有区分金融负债和经营负债。既然要把金融活动分离出来单独考察，就需要单独计量筹资活动成本。负债的成本即利息支出，仅仅是金融负债的成本；经营负债是无息负债（如应付账款）；因此必须区分金融负债和经营负债，利息与金融负债相除才是真正的平均利息率。相应的，金融负债与股东权益才是更符合实际的财务杠杆，而经营负债没有固定成本，本来就没有杠杆作用，将其计入财务杠杆，会歪曲杠杆的实际效应。

正是基于传统报表在权益净利率的分析上存在局限性，因此有必要对传统财务报表做出适当的调整，将传统财务报表体系调整为管理用财务报表体系：管理用资产负债表、管理用利润表和管理用现金流量表。这样才能使得对权益净利率的分析更加准确、客观。

14.2 管理用资产负债表

管理用资产负债表中，经营资产是指销售商品或提供劳务所需涉及的资产，金融资产是指利用经营活动多余资金进行投资所涉及的资产；与此相应的经营负债是指销售商品或提供劳务所需涉及的负债，金融负债是指债务筹资活动所涉及的负债。相互关系如下。

资产 = 经营资产 + 金融资产

= (经营性流动资产 + 经营性长期资产) + (短期金融资产 + 长期金融资产)

负债 = 经营负债 + 金融负债

= (经营性流动负债 + 经营性长期负债) + (短期金融负债 + 长期金融负债)

净经营资产 = 经营资产 - 经营负债

= (经营性流动资产 + 经营性长期资产) - (经营性流动负债 + 经营性长期负债)

= (经营性流动资产 - 经营性流动负债) + (经营性长期资产 - 经营性长期负债)

= 经营营运资本 + 净经营性长期资产

净金融负债 = 金融负债 - 金融资产 = 净负债

净经营资产 = 净负债 + 股东权益 = 净投资资本

以表 8-1 的 B 公司资产负债表为例，编制管理用资产负债表见表 14-1。

表 14-1　管理用资产负债表

净经营资产	期末余额	年初余额	净负债及股东权益	期末余额	年初余额
经营性流动资产			**金融负债**		
货币资金	50	25	短期借款	58	45
应收票据及应收账款	430	200	交易性金融负债	0	0
预付款项	30	26	其他应付款(应付利息)	15	17
其他应收款（应收股利）			其他应付款(应付股利)	0	0
其他应收款（扣除应收利息和应收股利）	12	28	一年内到期的非流动负债	0	0
存货	149	320	长期借款	430	240
一年内到期的非流动资产	77	11	应付债券	260	265
其他流动资产	8	0	**金融负债合计**	763	567
经营性流动资产合计	756	610	**金融资产**		
经营性流动负债			交易性金融资产	0	0
应付票据及应付账款	135	113	其他应收款(应收利息)	0	0
预收款项	10	24	其他债权投资	0	0
应付职工薪酬	2	1	其他权益工具	0	0
应交税费	7	5	投资性房地产	0	0
其他应付款	20	10	**金融资产合计**	0	0
持有待售负债	0	0	**净负债**	763	567
一年内到期的非流动负债	0	0			
其他流动负债	53	5			
经营性流动负债合计	227	158			
经营营运资本	529	452			
经营性长期资产					

（续表）

净经营资产	期末余额	年初余额	净负债及股东权益	期末余额	年初余额
长期应收款	0	0			
长期股权投资	30	0			
固定资产资产	1,246	1,013			
在建工程	13	22			
固定资产清理	0	0			
无形资产	6	6			
开发支出	0	0			
商誉	0	0			
长期待摊费用	5	15	**所有者权益（或股东权益）**		
递延所得税资产	0	0	实收资本（或股本）	100	100
其他非流动资产	0	0	其他权益工具		
经营性长期资产合计	1, 300	1, 056	其中：优先股	0	0
经营性长期负债			永续债	0	0
长期应付款	45	59	资本公积	10	10
预计负债	0	0	减：库存股	0	0
递延所得税负债	0	0	其他综合收益	0	0
其他非流动负债	5	9	盈余公积	60	40
经营性长期负债合计	50	68	未分配利润	846	723
净经营性长期资产	1, 250	988	**股东权益合计**	1, 016	873
净经营资产总计	1, 779	1, 440	**净负债及股东权益合计**	1, 779	1, 440

注：①原财务报表中货币资金全部为经营性货币资金。

②原财务报表其他应收款中，应收利息、应收股利年初、年末金额均为 0。

③原财务报表其他应付款中，应付利息年初、年末金额分别为 17 万元、15 万元；应付股利年初、年末金额均为 0。

通过管理用资产负债表的编制，我们可以看出，管理用资产负债表，左边为净经营资产，它是经营资产与经营负债的差额。右边分为两个部分，上半部分是净负债，它是金融负债与金融资产的差额；下半部分是所有者权益，它与传统报表没有区别。

14.3 管理用利润表

管理用财务报表与传统财务报表的区别就在于区分经营活动和金融活动，利润表也同样遵循这一原则。金融损益是指金融负债利息与金融资产收益的差额，即扣除利息收入、金融资产公允价值变动收益等之后的利息费用。由于存在所得税，应该计算该利息费用的税后损益，即税后利息费用，也称净金融损益。经营损益是指除金融损益以外的当期损益。其相互关系为如下。

净利润 = 经营损益 + 金融损益

= 税后经营净利润 − 税后利息费用

= 税后经营利润 ×（1− 所得税税率）− 利息费用 ×（1− 所得税税率）

以表 8-2 的 B 公司利润表为例，编制管理用利润表见表 14-2。

表 14-2　管理用利润表

编制单位：B 公司　　　　20×8 年 12 月　　　　单位：万元

项　目	本期金额	上期金额
经营损益		
一、营业收入	2,996	2,852

（续表）

项 目	本期金额	上期金额
减：营业成本	2,659	2,514
二、毛利	337	338
减：税金及附加	19	19
销售费用	20	18
管理费用	48	42
研发费用	50	46
资产减值损失	0	0
信用减值损失	0	0
加：其他收益（损失以“—”号填列）	0	0
三、税前营业利润（亏损以“—”号填列）	200	213
加：营业外收入	45	72
减：营业外支出	1	0
四、税前经营利润（亏损总额以“—”号填列）	244	285
减：所得税费用	61	71.25
五、税后经营净利润	183	213.75
金融损益		
六、利息费用	44	50
减：利息费用抵税	11	12.5
七、税后利息费用	33	37.5
八、净利润	150	176.25

注：因利息费用和公允价值变动损益属于金融活动，故管理用利润表中的利息费用 = 原财务报表中的财务费用 − 其他收益中的公允价值变动损益 =50−6=44 万元。

通过编制管理用利润表，我们不难看出，管理用利润表实际是在传统财务报表净利润的基础上，把净利润按照经营活动和金融活动进行分解，分别得出经营损益和金融损益，以便信息使用者能够更加清晰地了解经营活动的经营成果。

14.4 管理用现金流量表

经营现金流量是指企业因销售商品或提供劳务等营业活动，以及与此有关的生产性资产投资活动而产生的现金流量，它与我们传统现金流量表的经营活动的现金流量不是一个概念。管理用现金流量表的经营现金流量包括生产性资产投资活动产生的现金流量，而传统现金流量表经营活动的现金流量不包括这一部分。金融现金流量指的是企业因筹资和金融市场投资活动而产生的现金流量。

经营现金流量代表了企业经营活动的全部成果，是“企业生产的现金流”，因此又称为实现经营现金流量，简称“实体现金流量”，根据企业价值评估的现金流量折现法原理，我们知道企业的价值取决于企业未来的实体现金流量；实体现金流量是企业管理层必须重视的指标，增加企业的实体现金流量可以增加企业的价值。实体现金流量的关系如下。

实体现金流量 = 营业现金净流量 − 资本支出

营业现金净流量 = 营业现金毛流量 − 经营营运资本增加

营业现金毛流量 = 税后经营净利润 + 折旧与摊销

资本支出 = 净经营长期资产增加 + 折旧与摊销

实体现金流量 = 税后经营净利润 + 折旧与摊销 − 经营营运资本增加 −

（净经营长期资产增加 + 折旧与摊销）

=税后经营净利润－（经营营运资本增加＋净经营长期资产增加）

=税后经营净利润－净经营资产净增加

通过分解，我们可以看出，实际上折旧摊销并不影响实体现金流。企业实体现金流量的用途可以分为两部分。

（1）债务现金流量，是与债权人之间的交易形成的现金流，包括支付利息、偿还或借债以及购入和出售金融资产。

（2）股权现金流量，是与股东之间的交易形成的现金流，包括股利分配、股份发行与回购等。从实体现金流的来源分析，它是营业现金毛流量超过经营营运资本增加和资本支出的部分，即体现经营活动（相对金融活动而言）。从实体现金流量的去向分析，它被用于债务融资活动和权益融资活动，即被用于金融活动。

实体现金流量=营业现金毛流量－经营营运资本增加－资本支出

=债务现金流量＋股权现金流量

债务现金流量=税后利息费用－净负债增加

股权现金流量=股利分配－股权资本净增加

股权资本净增加=股票发行－股票回购=股本增加＋资本公积增加

以表8-3的B公司现金流量表为例，编制管理用现金流量表，见表14-3。

表 14-3　管理用现金流量表

编制单位：B 公司　　20×8 年 12 月　　单位：万元

项　目	本期金额
一、经营现金流量	
税后经营净利润	183
加：折旧摊销	0
= 营业现金毛流量	183
减：经营营运资本增加	77
营业现金净流量	106
减：资本支出	262
= 实体现金流量	**-156**
二、金融现金流量	
税后利息费用	33
减：净负债增加	196
= 债务现金流量	**-163**
股利分配	7
减：股权资本净增加	0
= 股权现金流量	7
融资现金流量	**-156**

注：因前面我们分析过折旧摊销不影响实体现金流量，因此这里取 0。

通过对管理用资产负债表、管理用利润表和管理用现金流量表的编制，我们可以重新审视权益净利率的驱动因素构成，将原先不合理的因素进行替换，从而得出更加匹配、更加精准的权益报酬率。

14.5 管理用财务报表分析体系

针对传统财务报表中的诸多局限性，我们通过调整传统财务报表的列报，完成管理用财务报表的编制，从而使得原先有所错配的经营利润与权益资产、经营资产与金融资产、经营活动与金融活动、经营负债与金融负债、债务现金流与股权现金流等环节匹配得更加合理，从而使得展示的各项经营指标全面、准确、完整反馈企业经营各环节的财务状况和经营成果；并且，改进的权益净利率分析体系相较于传统杜邦分析体系来说，可以将企业经营中的存在的问题和原因准确归纳到经营活动或金融活动的各项具体因素中，增强了不同企业之间在各项能力上的可比性，从而使得企业管理层可以更加准确的针对存在的问题提出改善方案。

改进对权益净利率的分析体系，分解为如下。

权益净利率 = 净利润 ÷ 股东权益

= （税后经营净利润 − 税后利息费用）÷ 股东权益

= （税后经营净利润 ÷ 股东权益）−（税后利息费用 ÷ 股东权益）

= （税后经营净利润 ÷ 净经营资产）×（净经营资产 ÷ 股东权益）−（税后利息费用 ÷ 净负债）×（净负债 ÷ 股东权益）

=净经营资产净利率×[(股东权益+净负债)÷股东权益]-(税后利息费用÷净负债)×(净负债÷股东权益)

=净经营资产净利率×(1+净负债÷股东权益)-(税后利息费用÷净负债)×(净负债÷股东权益)

=净经营资产净利率+(净经营资产净利率×净负债÷股东权益)-(税后利息费用÷净负债)×(净负债÷股东权益)

=净经营资产净利率+(净经营资产净利率-税后利息率)×净财务杠杆

其中：净经营资产净利率-税后利息率=经营差异率

(净经营资产净利率-税后利息率)×净财务杠杆=杠杆贡献率

因此，权益净利率=净经营资产净利率+杠杆贡献率

=净经营资产净利率+经营差异率×净财务杠杆

经营差异率反映净经营资产经营产生的收益大于金融负债成本的差额。而“杠杆贡献率”是一个综合反映企业既定财务政策下被杠杆所放大的经营差异率，但提高杠杆贡献率的根本途径是提高净经营资产净利率。原因是提高净财务杠杆会增加企业风险，推动利息率上升，使经营差异率缩小。而税后利息率高低主要由资本市场决定，企业无法控制。短期内，企业管理层应着力于可以控制的、存在改进空间的因素；而对于企业短期无法控制的因素，应尊重客观规律，从更长远的层面进行战略布局，从而形成持久竞争优势。

改进后的权益净利率分析体系如图 14-1。

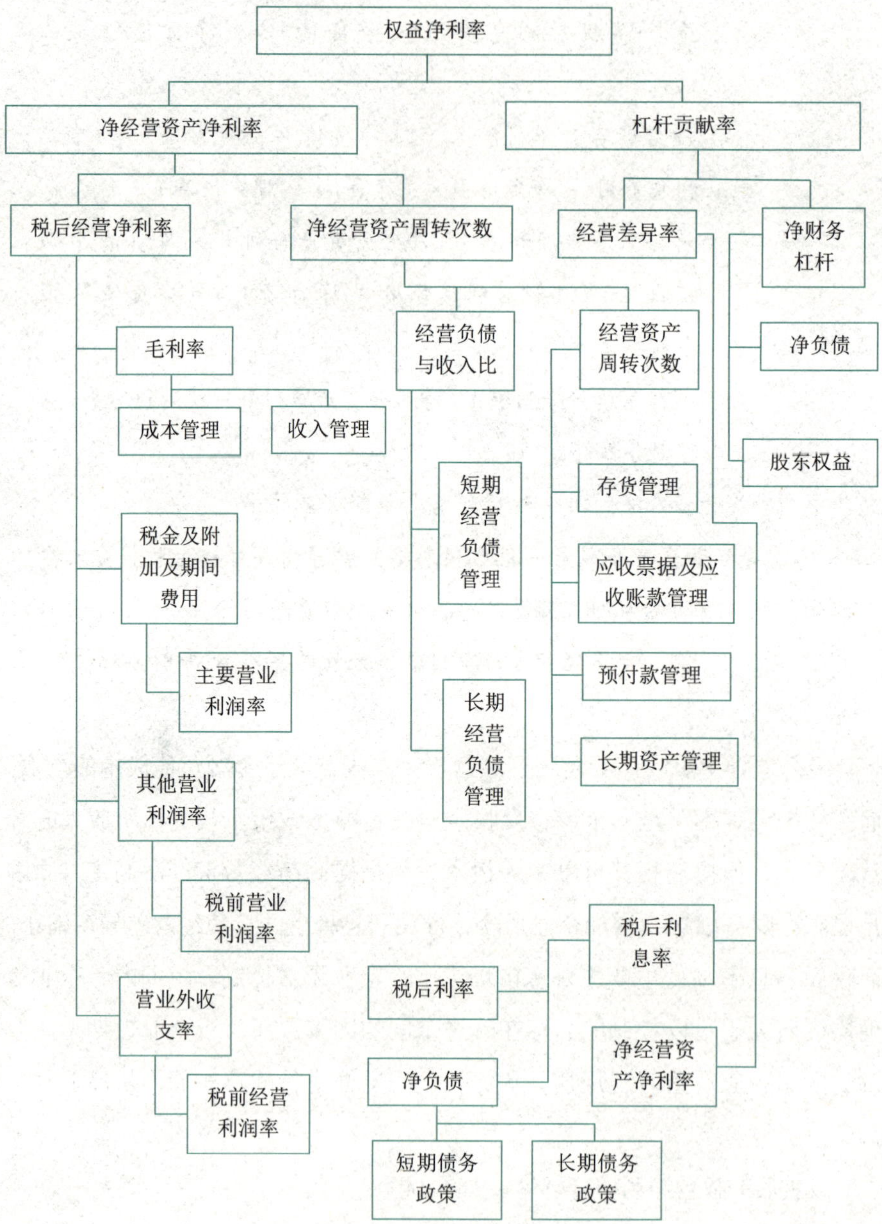

图 14-1　改进后的权益净利率分析体系

根据已经编制好的管理用财务报表，计算的净资产经营净利率、经营差异率、杠杆率、权益净利率见表 14-4。

表 14-4　B 公司管理用财务报表数据分析

单位：万元

项　目	本年数	上年数	变动
税后净利润	183	213.75	-30.75
营业收入	2,996	2,852	144
净经营资产	1,779	1,440	339
税后经营净利率（税后净利率 / 营业收入）	6.1%	7.5%	-1.4%
净经营资产周转率（营业收入 / 净经营资产）	1.68	1.98	-0.30
净经营资产净利率（税后经营净利率 / 净经营资产）	10.3%	14.8%	-4.5%
税后利息费用	33	37.5	-4.5
净负债	763	567	196
税后利息率（税后利息费用 / 净负债）	4.3%	6.6%	-2.3%
经营差异率	6.0%	8.2%	-2.2%
净财务杠杆（净负债 / 股东权益）	75.1%	64.9%	10.2%
杠杆贡献率	4.5%	5.3%	-0.8%
权益净利率	14.8%	20.2%	-5.4%

最终用管理用财务报表数据计算的权益净利率与传统财务报表数据是一致的，但是驱动因素发生了变化，管理用财务报表的驱动因素更加能够反映

经营活动的实际情况。通过管理用财务报表的编制，我们将传统财务报表中各要素按经营活动和金融活动区分。相较于传统财务报表，管理用财务报表最明显的优势在于：首先，它能够使信息使用者快速地辨认企业的主营业务和财务政策；其次，它有助于信息使用者分别评价经营活动和金融活动；最后，它有助于信息使用者获得信息含量更高、更精准的财务分析体系，从而能够通过财务数据找出影响因素，提升管理水平，达成企业目标。

第十五章

多角度看财务报表

信息使用者对财务报表进行分析的目的不是建立模型，也不是得出财务比率，这些都只是手段，最终的目的是要评价企业的财务状况和经营成果。财务报表及其相关信息只是反映企业财务状况和经营成果的一个载体，企业本身所在行业是否有发展前景，通过财务报表这一载体反映的财务状况和经营成果在行业内成色如何，属于什么样的水平，企业在行业内竞争态势如何，企业是否具备在行业内成为龙头并获得超额回报的潜力，仅仅通过财务报表本身所反映的数据是无法得出全面、准确的结论的。信息使用者需要全方位了解企业所处的宏观、中观、微观环境，并将财务报表及其相关信息置于企业面对的所有环境中来解读，才能得出更有说服力的信息。

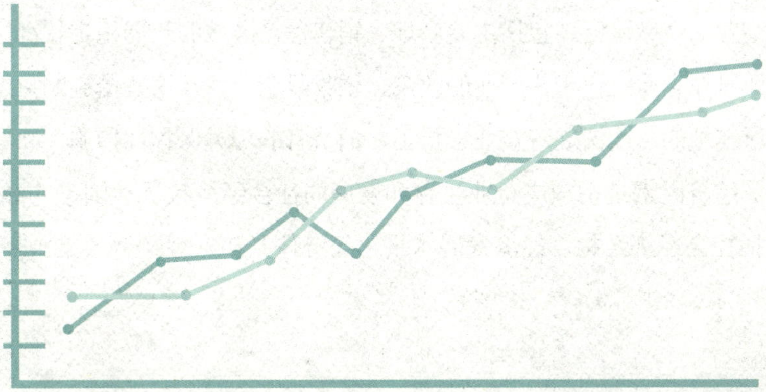

15.1 宏观角度看财报

宏观角度看财务报表，就是在明确企业面临的宏观环境基础上看财报。宏观因素一般包括政治与法律因素、经济因素、社会与文化因素、技术因素四个主要方面。

（1）政治与法律因素是指那些制约和影响企业的政治要素和法律系统，以及其运行状态。政治环境包括国家的政治制度、权力机构、颁布的方针政策、政治团体和政治形势等。法律环境包括国家的法律法规，以及国家的行业规章等。政治和法律因素是保障企业生产经营活动的基本条件。我国目前正处于经济稳定发展期，一些大型资源类企业把生产基地放在了非洲、中东，当地的政治法律环境稳定，企业具备的跨国资源就能够得到充分发挥，能够通过公平竞争获得正当权益，并得以长期稳定发展；若当地政治法律环境不够稳定，企业的生产经营就面临较大的不确定性。国家的政策法规对不同企业的影响是不一样的。

在考察一个企业所处政治法律环境时，我们应着重考虑以下因素。

①企业的地域跨度，包括主要产地、销售覆盖区域的政局稳定状况。

②政府在企业所在相关产业的政策、税收限制等，及这些措施的持续性。

③所在地的法律法规对企业、员工、消费者的相关保护性措施。

（2）经济因素是指构成企业生存和发展的社会经济状况和国家的经济政策，包括社会经济结构、经济发展水平、经济体制和宏观经济政策。经济因素对企业的影响更为直接。我们在评价经济因素时要用未来的眼光予以评价。例如，中国出口的手机、汽车等在非洲、东南亚的市场占有率较高，在欧美的市场占有率则相对较低，这显然是受到出口地社会经济结构和经济发展水平的影响。企业选择所在市场的经济因素制约或推动了企业在目前条件下的发展。

（3）社会与文化环境因素是指企业所处的社会结构、社会风俗与习惯、信仰与价值观念、行为规范、生活方式、文化传统等。社会与文化环境对企业生产经营的影响也是显而易见的。例如，人口规模、社会人口年龄结构、家庭人口结构、社会风俗对消费者偏好等的影响，是判断企业在投资方向、产品改进与革新等重大经营决策，能否为企业带来竞争优势时必须考虑的因素。

我国按照目前的人口出生率和分布结构，如果不出现重大改变，将不可避免地进入老龄化社会。尽管这一趋势是缓慢发生的，但毫无疑问将深远地影响地产、传统消费等在内的很多行业，但也会给一些新兴行业如养老、社区型服务带来契机。再如，目前互联网巨头公司大量涌现，基本都是基于线上线下融合产生的，这一消费方式的兴起就是抓住了人们日益变快的生活节奏，人们倾向于利用碎片化的空余时间进行线上消费，既节约了时间，也节约了购销双方的成本，因而能够得到蓬勃发展。对于企业所处行业和生产产品是否适应所在市场的社会和文化环境的变化，并具有预判性是判断企业未来市场潜力的重要因素。

（4）技术因素是指企业所处环境中的科技要素与该要素直接相关的各种社会现象集合，包括国家科技体制、科技政策、科技水平和科技发展趋势等。在科技是第一生产力的今天，技术环境对企业的影响可能是决定性的。在宏观层面，科技发展到目前阶段，各专业深度融合，某一项科技的突破往往依赖于众多基础科学的发展。

对于企业而言，能够在产品技术上突破，往往意味着能够在一定时期内大幅领先于竞争对手。对于国家而言，某一重大专项的突破往往能够带动一批行业明星企业，从而增加国家在某领域的竞争力和影响力。在行业内部，市场和行业内外部的技术趋势会对企业战略产生重大影响，某个特定行业内的技术水平在很大程度上决定了企业的产品特性并匹配相应的经营管理。因此，考察企业所处技术环境是判断企业未来发展潜力的又一重要因素。

波特在《竞争战略》中描述道："形成竞争战略的实质就是将一个公司与其所在的环境建立联系。"所以在阅读财务报表及其相关信息之前，首先应该了解的是企业生产和销售所在地的宏观环境，并评判企业所面对宏观环境的利弊因素，这是企业首先要面对的经营基础。如果经营基础都不够扎实，单纯看财务报表数据在一定程度上是缺乏意义的。在我国，很多企业在经济发展的浪潮中逐步壮大，并开始在国际舞台上崭露头角。但在企业国际化的步伐中也不乏失败而遭受巨大损失的案例，其中，缺乏对即将进入市场众多宏观因素的深入了解是重要因素之一；或者即便收购成功，但是因为对收购主体经营环境过于乐观，投资价格过高，导致后期经营稍有不慎，可能就会在未来某期的财务报表中计提大额商誉减值，直接影响当期利润。例如，中铝由于对收购资产所处宏观环境过于乐观，预判不够谨慎，导致收购失败。

2008 年 2 月，中铝携手美铝在市场高峰期斥资 140.5 亿美元合作收购力拓英国公司 12% 的普通股股份，如果交易完成，中铝将持有世界三大铁矿石生产商力拓 18% 的股份，并能够向力拓董事会派出两名董事，从而控制大量优质的矿产资源，为企业未来发展打下坚实的基础。

但收购最终没有成功，究其原因，主要有以下几点。

首先，中铝收购力拓会使中国企业在能源产业获得飞速发展，间接冲击澳大利亚能源市场，同时还会对国际矿业产生重大影响。这使得澳大利亚政府对此项收购一再进行审慎评估。2009 年 4 月，澳大利亚民调结果显示，受调查者中反对中铝增持力拓股份的比例高达 59%，理由是担心中国通过央企最终控制澳大利亚资源，危害澳大利亚国家安全。由于国家之间的政治体制和文化不同，澳大利亚民众普遍对我国企业的这次正常商业并购怀有偏见。

其次，2008年下半年，世界金融危机爆发中，力拓债务缠身，不得不寻求资金支持，与中铝签下股权出让协议。但随着经济的恢复，铁矿石等大宗商品也有所回暖，伴随着中铝收购股权的重大利好，短短几个月，力拓股价升幅70%；同时，由于交易合同设定了较低的违约金，仅为交易金额的1%，从而使得合同中的违约条款对其没有足够的约束力，当力拓度过危机后，就果断选择了违约。

此外，中海油由于对收购资产所处行业的宏观环境判断过于乐观，导致收购的资产价格过高，计提大额商誉减值，这严重影响了企业合并财务报表当期损益。

中海油在2016年7月发布公告称，受服务价格下降、工作量下降以及固定资产和商誉减值的影响，预计公司2016年上半年计提资产减值损失约为71亿元，导致归属于上市公司股东的净利润为-84亿元左右。而公司去年同期归属于上市公司股东的净利润为8.95亿元。主要原因是公司的部分固定资产和商誉出现减值迹象：由于2016年上半年国际原油价格继续低位运行，整个油田服务行业陷入低迷，导致公司在2008年收购Awilco Offshore ASA形成的商誉的资产组的使用率和作业价格进一步下降，最终未来可收回金额低于资产组的账面价值与商誉的合计数。根据准则要求，公司计提了商誉减值准备约34.55亿元，导致公司2017年巨额亏损。尽管站在现在的角度看油价的波动是无法预测的，但是为并购海外资产支付巨额商誉显然是基于企业在并购时点对国际原油市场的过分乐观。

拥有宏观视角去审视企业当前财务报表，可以跳出单纯的财务报表信息，结合企业所面对的宏观环境，去了解企业未来发展所需面临的经营环境的确定因素和不确定因素，客观判断数据的发展趋势和潜在风险，从而做出更加理性的决策。

15.2 中观角度看财报

中观角度看财务报表分为两个层面：既包括从企业所属行业或所跨行业的角度，以企业所在产业的产业周期为基础判断企业的竞争力；又包括结合财务报表及其相关信息对企业所在行业内的竞争地位进行分析。

一个产业是由一群生产相似替代品的公司组成的。预测产业演变过程的鼻祖是产品生命周期理论。产业要经过四个阶段，即导入期、成长期、成熟期和衰退期。这些阶段是以产业销售额增长率曲线的拐点来划分的。当产业走过它的生命周期时，竞争的性质将会发生变化。尽管企业可以通过技术创新和重塑产品，或在某一方面建立独特的竞争优势进而影响生命周期的进程，但如果不能持续保持，超额的回报率终归会被竞争者模仿，使得回报率回归正常水平。作为信息使用者，我们需要判断企业所在产业的发展阶段，并明确企业在该行业内的竞争地位，从而找出财务报表的数据趋势及其背后的原因。

（1）导入期。新产品投入市场，便进入导入期。此时，顾客对产品还不了解，只有少数追求新奇的顾客可能购买，销售量很低。为了扩展销路，需要大笔促销费用，对产品进行宣传。在这一阶段，由于技术方面的原因，产品不能大批量生产，因而成本高，销售额增长缓慢，企业不但得不到利润，反而可能亏损。产品也有待进一步完善。导入期的产业，通常竞争对手也较少，产品的独特性和客户的高收入使得价格弹性较小，企业可以设置比较高的价格，获得高毛利，但销量低导致利润低。

导入期的产品经营风险非常高。研制的产品是否能够成功，研制成功的产品能否被客户接受，被客户接受的产品能否规模生产并占有足够的市场份额，规模生产的产品能否顺利实现规模经济等，都存在不确定性。顺利实现上述目标后，企业可以进入成长期。处于导入期的企业往往规模小，企业着眼于扩大市场份额，尽快形成竞争优势。

（2）成长期。这时顾客对产品已经熟悉，大量新顾客开始购买，市场逐步扩大。产品大批量生产，生产成本相对降低，企业的销售额迅速上升，利润也迅速增长。竞争者看到有利可图，纷纷进入市场参与竞争，使同类产品供给量增加，价格随之下降，企业利润增长速度逐步减慢，最后达到生命周期利润的最高点。

成长期的企业经营风险下降，但是竞争者也在不断进入，市场的不确定性增加。处于成长期的企业往往规模有所扩大，战略上着眼于争取最大市场份额，建立良好的市场口碑和品牌美誉。

（3）成熟期。市场需求趋向饱和，潜在的顾客已经很少，销售额增长缓慢直至转而下降，标志着产品进入了成熟期。在这一阶段，竞争逐渐加剧，产品逐步趋于标准化，售价降低，促销费用增加，企业利润下降。但由于整个产业的销售规模逐步达到顶峰，经营风险也进一步降低，销售额、现金流、市场份额和盈利水平都相对稳定。处于成熟期的企业主要着眼于降低成本，提高效率，并尽可能地延长产品成熟期。

（4）衰退期。随着科学技术的发展，新产品或新的替代品出现，使顾客的消费习惯发生改变，转向其他产品，从而使原来产品的销售额和利润额迅速下降。于是，产品又进入了衰退期。衰退期的企业往往着眼于控制成本，以获取最后的现金流，并考虑开始多元化发展，谋求下一个产业机会。

产业生命周期侧重于对行业本身进行分析，而对于企业来说，行业内外的众多竞争对手也是非常重要的分析因素，企业在竞争中处于什么样的地位，是由企业自身素质和竞争对手决定的，企业自身素质属于企业的“微观环境”。而竞争对手的分析就牵涉竞争环境分析：一方面，是从个别企业的视角去观察分析竞争对手的实力；另一方面，是从产业竞争结构的视角观察分析企业所面对的竞争格局。

企业参与市场竞争，不仅要了解谁是自己的顾客，而且要清楚谁是自己的竞争对手。从表面上看，识别竞争者是一项非常简单的工作，但是，由于需求的复杂性、层次性、易变性，技术的快速发展和演进，产业的发展，使得市场竞争中的企业面临复杂的竞争形势，因此一个企业可能会被新出现的竞争对手打败，或者由于新技术的出现和需求的变化而被淘汰，甚至是一个行业被颠覆。如数码技术对传统胶卷行业的降维打击使得传统胶片领域的霸主柯达迅速衰落。

因此，信息使用者必须密切关注竞争环境的变化，不局限于在行业内了解企业的竞争地位及彼此的优劣势，而是对所有竞争对手和潜在竞争对手的现状和未来动向进行分析。这包括：识别现有的直接竞争者和潜在竞争者；收集与竞争者有关的信息，并与标的企业信息进行对标；明确目标企业在行业内的竞争格局。

现有的直接竞争者和潜在竞争者包括以下几个。①现有厂商：指本行业内现有的与企业生产同样产品的其他厂家，这些厂家是企业的直接竞争者。②潜在加入者：当某一行业前景乐观、有利可图时，新的竞争企业会加入，使该行业增加新的生产能力，并要求重新瓜分市场份额和主要资源。另外，某些多元化经营的大型企业还经常利用其资源优势从一个行业侵入另一个行业。新企业的加入，将可能导致产品价格下降、利润减少。③替代品厂商：与某一产品具有相同功能、能满足同一需求的不同性质的其他产品，属于替代品。随着科学技术的发展，替代品将越来越多，某一行业的所有企业都将面临与生产替代品的其他行业的企业进行竞争。

收集与竞争者有关的信息，并与标的企业信息对标。这里的信息既有财务数据，也有非财务数据，主要包括以下几类。①产品。竞争企业产品在市场上的地位；产品的适销性；以及产品系列的宽度与深度，各产品在企业中的销售占比及销售增长率。②销售渠道。竞争企业销售渠道的广度与深度；销售渠道的效率与实力；销售渠道的服务能力，尤其关注市场重合区域与竞争对手的市场占有率对比，以及渠道商的反馈信息。③市场营销。竞争企业市场营销组合的水平，市场调研与新产品开发的能力，销售队伍的培训与技能。④生产与经营。竞争企业的生产规模与生产成本水平，设施与设备的技术先进性与灵活性，专利与专有技术，生产能力的扩展，质量控制与成本率、费用率，区位优势，员工状况，原材料的来源与成本，纵向整合程度。⑤研发能力。竞争企业内部在产品、工艺、基础研究、仿制等方面所具有的研究与开发能力，研究与开发人员的创造性、可靠性、简化能力等方面的素质与技能。企业对研发的重视程度，研发在年收入中的比重等。⑥资金实力。竞争企业的资金结构，筹资能力，现金流量，资信度，财务比率，财务管理能力。⑦组织。竞争企业组织成员价值观的一致性与目标的明确性，组织结构与企业策略的一致性，组织结构与信息传递效率，组织对环境因素变化的适应性与反应程度，组织成员的素质。⑧管理能力。竞争企业管理者的领导素质与激励能力，协调能力，管理者的背景，制定的公司战略及重大决策的适应性、前瞻性。

明确目标企业在行业的竞争格局：通过在上述方面与行业内的竞争对手、行业平均水平进行横向比较，明确企业的主要竞争对手，主要竞争对手的实力和相对于竞争对手在以下方面的优劣势。①核心能力，即目标企业和竞争对手分别在哪些方面形成核心能力。②成长能力，即市场、规模、人员的增长能力，财务结构能否匹配。③快速反应能力，即企业面对市场发动快速行动的储备力，主要包括现金储备、留存借贷能力和待入市产品储备。④适应变化的能力，即面对快速变化的环境的适应性。⑤持久力，即面对竞争对手采用竞争策略时，企业打持久战的能力，主要反映在财务结构、销售利润率、资本市场压力程度等方面。

在了解了产品生命周期和竞争环境的相关知识后，通过结合产业特点可以分析财务数据背后的企业竞争优势。

在表 15-1 中，我们不难看出，各个行业的核心指标净资产收益率，即权益净利率，不仅因为行业的差异较大，甚至部分行业不同时期的数据也差异较大。因此，能够准确计算某企业的权益净利率指标并不能直接带来对于该指标的评价，选择合适的对标时期、合适的对标企业来评价标的企业的财务业绩水平才是重中之重。

表 15-1　各个行业净资产收益率

板块	2018 年（%）	2017 年（%）	2016 年（%）	2015 年（%）
能源	7.62	5.83	2.53	2.78
材料	11.10	10.44	4.80	−0.87
工业	6.87	9.10	7.70	7.83
机械	4.32	7.19	3.60	3.83
运输	8.05	10.43	8.42	9.01
可选消费	7.32	11.69	12.22	12.37
家用电器	19.35	23.27	22.11	20.61
日常消费	13.28	13.15	13.52	12.11
医疗保健	9.70	12.08	11.97	12.21
金融	11.77	12.83	13.34	15.86
信息技术	3.82	7.28	8.49	8.57
房地产	13.71	13.49	12.94	11.60
全部 A 股	9.73	10.84	10.27	11.00

数据来源：wind 资讯。

要选择合适的对标时期，企业就要结合产品的生命周期选择。如果拿一个导入期的产业去和一个成熟期的相关产业去对比财务数据，二者是没有可比性的，导入期的产业整体经营风险高，现金流也不够稳定，销售规模小，导致企业整体盈利较差，甚至是亏损，但我们在评价企业时不能仅仅对比财务数据就做出否定评价。相反，一些初创的高科技公司等，尽管未实现盈利，却仍然受到资本市场的追捧。而成熟期的企业现金流稳定，企业整体盈利水平也较高，但是稳定往往也意味着缺乏超额利润率和更多的机会，这些也是财务数据无法反映的。

对标企业大多应选择属性相似、规模相近、市场区域相近、产品可替代的相关企业作为标的。当然，企业也可以选择行业平均水平或者行业内规模相近的多家企业的平均水平来做对标。具体到不同的指标也可以分别进行不同的标的企业筛选。如在评价企业融资成本水平时，如果对标企业和目标企业规模完全不同，那么可以单独再选取一家或多家规模相近的行业内企业作为对标企业，来横向比较各项债务成本；否则，大型企业因为风险较低，融资成本通常显著低于中小型企业，得出的评价标准不够准确。

15.3 微观角度看财报

宏观环境和中观环境都属于企业所面对的外部环境，而微观环境层面，我们就要关注企业自身，即对企业的内部环境进行分析。尤其要关注财务报表及其相关信息背后企业自身所拥有的独特资源和能力。企业的资源是其获得持续竞争优势的重要基础，因此，企业资源分析的目的在于识别企业资源状况、资源方面的优势与劣势，预判企业发展潜力。

企业的资源主要包括有形资源、无形资源和人力资源。

（1）有形资源是有形的、可用货币计量的资源，大多涵盖在财务报表中，主要包括物质资源和财务资源，如企业的土地、厂房、生产设备和原材料等。财务资源是企业可以用于投资、扩大生产的资金，也包括应收款项、有价证券等。但需要注意的是，由于很多资产在核算上采用历史计价法，因此报表上的账面价值并不能体现一些资源的公允价值。在这些有形资源中，有的资源可以轻易获得，也不具备稀缺性，这样的资源无法成为企业的战略资源，如大众化的材料、厂房等。但是一些具有稀缺性的资源可以使得企业具备持续竞争优势，报表使用者应该关注的是企业的稀缺性资源。这类资源在矿产行业比较常见，例如北方稀土，其控股股东包钢集团拥有的内蒙古白云鄂博矿区是中国最大的轻型稀土矿，储量占全国的 90% 以上；其下属的包头稀土研究院是中国唯一的国家级稀土专业研究机构。这样的资源在市场上是相当具有话语权的，因而具有稀缺性。

（2）无形资源指的是企业长期积累的、没有实物形态的，甚至无法用货币准确计量的资源，通常包括品牌、商誉、技术、专利、商标、企业文化及组织经验等。无形资源有些涵盖在财务报表中，有些则没有涵盖其中。如商誉，是指企业由于卓越的管理、顾客的信任或其他特殊形式而具有的企业形象，能够给企业带来超额利润。如果是外部并购其他企业，被并购企业的商誉是体现在集团合并财务报表中的；但是如果是企业没有被并购，其商誉在财务报表上是没有体现的。还有企业的文化和组织经验等，在报表上也都无从知晓。尽管无形资源大多难以通过财务报表被知晓，但由于难以被模仿或替代，因此无形资源构成了企业十分重要的核心竞争力，我们必须加以关注。

（3）人力资源是指组织成员向组织提供的技能、知识、推理和决策能力。是人掌握了技能、知识，进而整合不同资源创造了企业的繁荣，而不是其他资源。企业之间的竞争归根结底是人才的较量。在技术高速发展、日新月异的今天，人力资源在企业中的作用越来越突出，并被企业高度重视。

在企业的三大项资源中，具有下列属性的资源往往能够为企业带来持续竞争力。①稀缺性的资源，即企业掌握了处于供应短缺状态的资源，而其他企业难以获得这种资源。②不可模仿的资源，包括物理上的独特性，例如半岛酒店的地理位置，也包括具有独特路径依赖。③不可替代的资源，例如一些自然的旅游景点。④具有持久力的资源，资源贬值的速度越慢，越能够为企业带来持久的竞争力。例如一些品牌的价值，是不随着时间的流逝而贬值的。相反，对于一些电子通信类的产业，技术的更新换代，会对建立在这些技术之上的竞争优势带来挑战。

在识别出企业资源的优劣势之后，我们要在企业资源的基础上进一步识别企业的能力，这是企业可持续增长的重要因素。资源不等于能力，虽然资源有重要价值，但仍然不是能力。例如某家物流企业拥有为数众多的仓库和配送中心，而另一家物流企业仅有几个仓库和配送中心，但是这家物流公司有强大的物流信息系统作为支持，在这种情况下，我们就不能贸然断定拥有众多仓库和配送中心的物流公司的服务能力要强于另外一家。

企业能力是指企业配置资源，发挥其生产和竞争作用的能力。企业能力来源于有形资产、无形资产和组织资源的整合，是企业各种资源有机结合的结果。主要包括：研发能力、生产管理能力、营销能力、财务能力和组织管理能力等。①研发能力可以参考企业的研发人员背景及构成、专利或实用新型技术的数量、研发投入比例、研发计划安排、产品技术指标及质量等方面考察。②生产管理能力可以从生产规模、生产周期、生产成本、库存管理、人力资源管理和质量管理等方面进行考察。③营销能力可以从产品竞争力、渠道建设能力、市场决策能力等方面，通过销售利润率、销售增长率、市场占有率、渠道数量等指标去考察。④财务能力既包括筹集资金的能力，也包括使用和管理资金的能力。筹资能力可以通过资产负债率、流动比率和利息保障倍数等指标考察。而使用和管理资金的能力可以通过投资报酬率、资产周转率等指标考察。⑤组织管理能力，可以从管理体系分工、岗位职责、集权分权的情况、组织结构和管理层次管理范围的匹配等方面了解，这属于管理学的范畴。

在上述能力中，企业有能够在具有重要竞争意义的经营活动中比其竞争对手做得更好的能力，就构成了企业的核心竞争力。企业核心竞争力的产生是企业中各个不同部分有效组合的结果，是资源整合的结果，对企业的竞争力起着至关重要的作用，是企业持续竞争优势的源泉。核心能力至少具有三个方面的特征：①核心能力特别有助于实现顾客所看重的价值；②核心能力是竞争对手难以模仿和替代的，故而能取得竞争优势；③核心能力具有持久性，它一方面维持企业竞争优势的持续性，另一方面又使核心能力具有一定的刚性。

信息使用者使用上述方法并结合财务报表得出企业能力的分析结果，主要作用是要预知企业现有能力与将来环境的适应程度，明确企业的优势和劣势，优势是否能够持续带来竞争力，劣势能否在一定程度上予以弥补，进而预测企业的发展趋势。财务报表及其相关信息仅仅是基于企业过去某一时点或某一时期财务状况和经营成果的反映，但其实信息使用者不仅关心过去的业绩，更注重未来的发展趋势，甚至了解过去也是为了预测未来。因此，尽管财务报表已向我们展示了相当多的信息，甚至有一些预测性的指标，但这还远远不够，只有结合企业所处的内外部环境，清晰了解企业竞争力构成及不足，再匹配财务数据的分析，将定性与定量的评价相结合，才能够全面、准确地了解企业经营状况、发展潜力和竞争地位。

15.4 上市公司案例分析

我们以上市公司N公司为例，结合N公司内外部环境和财务数据对它做如下分析。

15.4.1 N公司的背景情况

N公司所处行业为动力锂电池行业，该行业所生产的动力锂电池主要应用于电动汽车，是电动汽车的最主要部件之一，它决定了纯电动汽车的安全水平和续航能力。纵观全球市场，新能源汽车销量从2011年的5.1万辆增长至2018年的201.8万辆，8年时间增长了38.5倍。站在能源战略和环保的角度，发展新能源汽车也已成为各国的共识，不仅各国政府发布了禁售燃油车时间计划，而且各大国际车企都相继发布了新能源汽车战略，新能源汽车成为未来汽车产业的导向和目标。2018年，国内新能源汽车销量达到125.6万辆，同比增长62%。根据高工锂电的数据，2019年动力电池的装机量达到62.38GWh，较2018年提升了17.78%。

（1）N公司所处产业的政策。通过国家在《新能源汽车产业发展规划（2021—2035年）》（征求意见稿，以下简称《规划》）中的描述，我们可以窥见我国对于新能源产业链的态度。《规划》要求如下。

①以纯电动汽车、插电式混合动力汽车和燃料电池汽车为“三纵”，布局整车技术产业链。到2025年，新能源汽车新车销量占比达到25%左右。鉴

于当前新能源汽车占比小于 5%，全国汽车销量到 2025 年 0 增长的极端情形下，新能源汽车占比要达到 30%，2025 年新能源汽车销量或超过 700 万辆。那么，2019—2025 年的新能源车销量的复合增长率将超过 35%。从这点看，构成新能源汽车的方向，国家给出的路径之一就是纯动力汽车，而动力电池作为纯电动汽车的主要构成部件，未来需求空间巨大，行业预估到 2022 年国内新能源汽车装机总量将达到 165.9GWH，比 2018 年提升 150% 以上。

②促进关键系统创新应用，推动动力电池全价值链发展，建立健全动力电池模块化标准体系，提高工艺水平和生产效益。这对动力电池来说既是机遇也是挑战。技术研发是动力电池的根本，企业只有下大力气进行动力电池技术攻关，不断提高电池安全性和能量密度比，进而在增加续航里程和安全性的同时降低成本，才能在竞争中脱颖而出。尽管 2019 年以来我国对动力电池的补贴不断退坡，行业正由政策推动转向市场推动，但推动动力电池企业不断增加电池技术含量的趋势没有变。同时国家也在不断更新动力电池的标准，部分技术产能不足的企业将难以生存，动力电池厂家数已经从 2016 年的 200 多家减少到 2019 年的 69 家，行业集中度不断提升，竞争日益激烈。

③大力推动充换电网络建设，解决新能源汽车补充能源的“老大难”问题。结合我国在 2018 年石油的对外依存度已接近 70% 的现状，能源独立问题越来越突出，发展新能源是国家必须下大力气解决的问题，国家为此将新能源汽车产业列为国家七大战略性新兴产业之一。而对于电动汽车使用者来说，在燃料消耗上的使用成本仅为燃油汽车的 1/6，这是有巨大吸引力的。高端纯电动车特斯拉在中国的热销和特斯拉整车生产落户上海也起到了引领作用。

由此可见，国家积极支持新能源汽车发展是毫无疑问的，同时，随着中国老百姓消费水平的不断提高，汽车成为中产阶级家庭的基础生活工具，中国已成为新能源汽车生产、消费大国，各家汽车厂商也都将中国市场作为主要竞争市场，国家推行的“双积分”政策也在倒逼传统车企向新能源汽车领域投入资源。由此可见国家政策层面、市场需求层面及产业配套层面的综合作用将给 N 公司所处的相关产业带来巨大的机会和红利，同时也将使得产业内各行业的激烈竞争不断深化，而竞争的根本在于技术突破。

（2）N 公司所处的行业发展趋势和竞争情况。动力电池是新能源汽车的核心部件，在生产成本中占比最高。新能源汽车的关键技术，如续航里程、充电时间、安全性能的提升也受制于动力电池技术的进步。从整体行业环境看，全球动力电池 90% 以上的产能集中在中、日、韩三国，日本自 20 世纪 90 年代开始大力投入锂电池研究，韩国于 21 世纪初期快速跟进，中国近两年后来居上。日本的松下、韩国的 LG 化学、三星 SDI 基本垄断了日韩及欧美主流车企动力电池的供应。在技术提高和政策的推动下，2019 年我国新能源汽车销量迅速提升至全球新能源汽车总销量的 50% 以上，带动上游动力电池产销量快速提升。

在国家政策的大力扶持和新能源汽车推广应用进程加快的带动下，中国车用动力电池需求大幅增加，形成了以 N 公司、比亚迪、国轩高科等为代表的龙头企业。在国内市场方面，N 公司 2016 年的国内市场占有率为 24.00%，2017 年为 29.07%，2018 年为 41.28%，不断提升的市场占有率一举奠定了 N 公司国内行业龙头的位置。而与此相对应的是，前十名动力电池企业以外的市场占有率之和从 2016 年的 21.04% 下降到 2018 年的 17.16%（如图 15-1）。可以预见的是，如无意外，前十名以外的第三阵营动力电池企业将逐步退出历史舞台。近几年来，无论是动力电池的制造，还是产业链中游四大材料（正极材料、负极材料、隔膜、电解液）的生产都在逐步向中国转移，为我国建立新能源产业集群提供了基础。动力电池作为整个新能源汽车产业的中游行业，正处于持续成长过程中，新技术不断涌现，新材料、新技术不断被应用推广，从方形到圆柱，从磷酸铁锂到高镍三元，为行业内的众多企业既带来了发展的机遇，也带来了研发与应用、销售与成本等方面的巨大挑战。

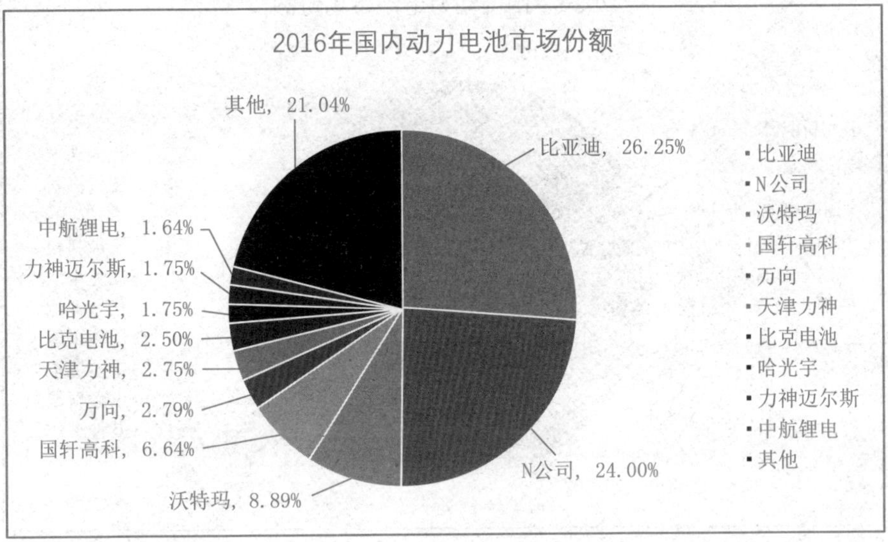
2016年国内动力电池市场份额
其他，21.04%
比亚迪，26.25%
中航锂电，1.64%
力神迈尔斯，1.75%
哈光宇，1.75%
比克电池，2.50%
天津力神，2.75%
万向，2.79%
国轩高科，6.64%
沃特玛，8.89%
N公司，24.00%
比亚迪
N公司
沃特玛
国轩高科
万向
天津力神
比克电池
哈光宇
力神迈尔斯
中航锂电
其他

2017年国内动力电池市场份额
N公司，29.07%
其他，26.36%
智航新能源，2.01%
北京国能，2.20%
亿纬锂能，2.25%
孚能科技，2.72%
天津力神，2.94%
比克电池，4.51%
国轩高科，5.77%
沃特玛，6.62%
比亚迪，15.55%
N公司
比亚迪
沃特玛
国轩高科
比克电池
天津力神
孚能科技
亿纬锂能
北京国能
智航新能源
其他

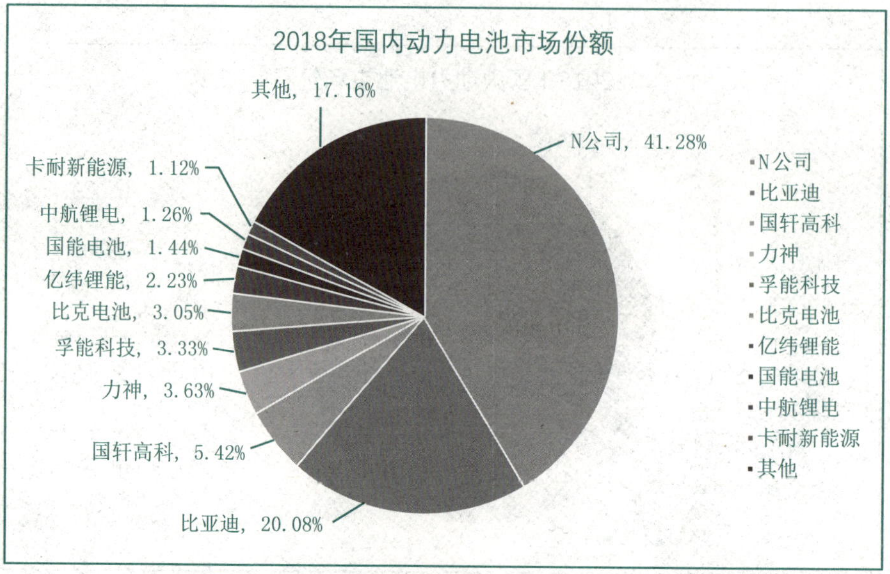

图 15-1　2016—2018 年国内动力电池市场份额占比变化

通过这些分析可以得知国家宏观层面对于 N 公司所处产业的政策、行业发展趋势和竞争情况，以及 N 公司在行业内的发展情况。

15.4.2　N 公司的基本财务状况

要想了解 N 公司的运营管理状况，还需要结合企业自身的财务数据进行分析，N 公司基本财务状况如下。

（1）销售增长及盈利能力方面的基本情况见表 15-2。

表 15-2　N 公司销售数据分析

单位：亿元

项　目	2016 年	2017 年	2018 年	2017 年增长率	2018 年增长率
营业收入	148.79	199.97	296.11	34%	48%

（续表）

项　目	2016 年	2017 年	2018 年	2017 年增长率	2018 年增长率
营业利润	32.12	48.32	41.68	50%	-14%
利润总额	34.00	48.48	42.05	43%	-13%
归属于上市公司股东净利润	28.52	38.78	33.87	36%	-13%
基本每股收益	1.87	2.01	1.64	7%	-18%
加权平均净资产收益率	69.55%	18.99%	11.75%	-73%	-38%

通过表 15-2，我们可以看出，N 公司近三年发展迅速，平均年销售增长率在 40% 以上；再结合图 15-1 可以看出，N 公司拥有强大的市场占有率。但 N 公司营业利润和利润总额在 2018 年降幅明显，主要原因是国家补贴的退坡，导致新能源汽车的主要部件动力电池组的售价不断下降，仅 2017 年的电池组售价就较 2016 年有 32% 的下降。通过附注，我们可以得知，目前公司为了应对售价的下降，不断入股上游企业，有效控制锂、钴、镍的供应，不断降低成本；通过战略合作格林美、嘉能可、青山钢铁构建稳定优质的四大原材料供应体系；加速智能制造进程，实现全流程生产管控、精益制造，着力提升产品技术指标，降低单位成本。

中国汽车动力电池产业创新联盟数据显示，2019 年中国动力电池装车量累计 62.2GWh，其中 N 公司装车量 31.46GWh，排名第一，市场份额高达 50.57%。在全球市场上，据 SNE Research 数据，2019 年 N 公司全球动力电池出货量同比增长 38.89%，市场占有率也在进一步提升。N 公司已经与一汽集团、上汽集团、东风集团、长安集团、北汽新能源、吉利汽车等企业签订合作协议，成立合资公司。此外，在国际市场上，N 公司还与丰田汽车、大众汽车集团、戴姆勒、宝马集团等企业展开合作，与特斯拉签订了两年的电池供货协议。客户的多元化，确保了 N 公司能持续抢占国际市场份额。

（2）运营能力方面的基本情况见表 15-3。

表 15-3　N 公司与行业内运营数据对比

项　目	可比上市公司	2016 年	2017 年	2018 年
总资产周转率	国轩高科	0.56	0.35	0.27
	坚瑞沃能	0.34	0.38	0.17
	成飞集成	0.33	0.21	0.23
	亿纬锂能	0.68	0.5	0.5
	可比上市公司平均	0.48	0.36	0.29
	N 公司	—	—	0.48
存货周转率	国轩高科	4.51	2.75	1.92
	坚瑞沃能	1.38	1.42	1.01
	成飞集成	2.6	2.33	2.62
	亿纬锂能	4.32	2.93	3.15
	可比上市公司平均	3.2	2.36	2.18
	N 公司	6.36	4.92	3.79

我们通过表 15-3 可以看出，在涉及运营能力两项核心指标上，国内行业中无论是总资产周转率还是存货周转率方面，N 公司指标都大幅领先于行业内公司和行业平均水平，说明公司资产管理，尤其是存货管理都做得非常到位。在销售信用的管理上，见表 15-4，N 公司在应收账款周转率上大幅落后于国外众多知名公司，但国内国际营商环境存在差异，并且应付账款天数也大幅超过国外知名公司，在资金方面的压力相互抵消；不过存货的周转天数还是略高于国外知名公司，说明 N 公司的运营管理能力较国际一流公司还有差距。

表 15-4　N 公司与国外公司运营数据对比

单位：天

上市公司	应收账款周转天数	存货周转天数	应付账款周转天数
松下	43	58	66
三星 SDI	51	60	27
LG 化学	57	57	33
N 公司	128	67	115

（3）偿债能力方面基本情况见表 15-5。

表 15-5　N 公司与行业内财务结构对比

项　目	可比上市公司	2016 年	2017 年	2018 年
流动比率	国轩高科	1.37	1.80	1.43
	坚瑞沃能	1.24	0.97	0.86
	成飞集成	2.25	1.39	1.57
	亿纬锂能	1.21	1.03	1.10
	可比上市公司平均	1.52	1.30	1.24
	N 公司	2.14	1.85	1.73
速动比率	国轩高科	1.22	1.56	1.17
	坚瑞沃能	0.88	0.70	0.71
	成飞集成	1.92	1.14	1.29
	亿纬锂能	0.90	0.71	0.81
	可比上市公司平均	1.23	1.03	1.00
	N 公司	2.00	1.66	1.51

（续表）

项　目	可比上市公司	2016 年	2017 年	2018 年
资产负债率（%）	国轩高科	61.23	51.72	58.47
	坚瑞沃能	62.42	86.14	98.86
	成飞集成	49.84	55.07	48.16
	亿纬锂能	52.27	57.15	63.10
	可比上市公司平均	56.44	62.52	67.15
	N 公司	44.76	46.70	52.36

由表 15-5 可见，N 公司在速动比率和流动比率方面均较行业内公司更为优秀，资产负债率也低于同业水平，N 公司后续融资潜力较强。资产负债率比率的升高相应匹配公司近几年的飞速发展，是符合公司整体战略目标的。唯一值得关注的是，流动比率和速动比率的变化趋势始终在降低。由于国内与国际在融资方面的巨大差异，国际公司通常都以股权融资为主，而国内以债务融资为主，因此国内公司与国际公司在该项指标上不具可比性。

（4）研发投入方面的基本情况见表 15-6。

表 15-6　N 公司与行业内研发投入对比

可比公司	研发费用占主营业务比例（%）			研发人员占总员工人数的比例（%）		
	2016 年	2017 年	2018 年	2016 年	2017 年	2018 年
国轩高科	7.04	7.20	9.72	11.01	19.00	15.65
坚瑞沃能	4.65	5.40	2.46	3.76	5.14	10.60
成飞集成	5.12	9.73	9.01	14.97	19.02	20.62
亿纬锂能	4.08	7.81	9.07	10.68	13.81	16.71

（续表）

可比公司	研发费用占主营业务比例（%）			研发人员占总员工人数的比例（%）		
	2016 年	2017 年	2018 年	2016 年	2017 年	2018 年
可比上市公司平均	5.22	7.54	7.57	10.11	14.24	15.90
N 公司	7.76	8.52	6.72	19.12	23.28	16.95

由表 15-6，我们可以看出，行业内各家企业都在逐年增加研发上的投入，无论是在资金还是在人力上，都不遗余力地展开激烈竞争，通过提升动力电池技术含量，力争不断扩大市场销售份额。N 公司尽管在上述比例上并不占优势，但是考虑到 N 公司庞大的销售基数和人员架构，其在研发上的投入拥有相当规模，是其他竞争对手无法比拟的。

根据披露，N 公司在 2019 年继续加大研发投入，包括高镍三元材料、硅碳负极材料、电池管理系统、生产工艺优化设计、电池回收再开发利用、电池结构研发和下一代电池关键材料开发等。尤其是下一代电池的研发，包括氢燃料电池、锂空气电池和全固态电池，将决定未来 5~10 年的动力电池行业格局。

（5）发展能力方面的基本情况见表 15-7。

表 15-7　N 公司与行业内发展趋势对比

可比公司	营业收入增长率（%）		营业利润增长率（%）		资产增长率（%）	
	2017 年	2018 年	2017 年	2018 年	2017 年	2018 年
国轩高科	1.68	5.97	−8.59	−36.71	67.37	20.41
坚瑞沃能	152.89	−58.61	−788.64	4.10	41.26	−40.39
成飞集成	−13.46	10.45	−287.15	−125.10	3.51	1.10

（续表）

可比公司	营业收入增长率（%）		营业利润增长率（%）		资产增长率（%）	
	2017 年	2018 年	2017 年	2018 年	2017 年	2018 年
亿纬锂能	27.46	45.90	45.58	24.96	70.03	34.47
N 公司	34.40	48.08	50.43	−13.73	73.72	48.77

由表 15-7 可以看出，近几年动力电池行业加速分化，受到国家政策影响和竞争的日趋激烈，技术不断迭代，部分企业在行业内不断萎缩，而部分优质企业则脱颖而出。但行业整体利润率不断下降是不争的事实，在现有格局下，N 公司无论在资产扩张规模还是在市场占有率的增速方面均大幅领先于对手，是当之无愧的行业龙头。营业利润率的趋势则取决于研发的突破，从表 15-7 中可以看出，现有技术条件下的行业内整体利润率下降趋势是无法改变的。

（6）综合指标方面的基本情况见表 15-8。

表 15-8　N 公司与行业内综合指标对比

可比公司	加权净资产收益率（%）		每股净资产（元）		每股现金经营流量（元）	
	2017 年	2018 年	2017 年	2018 年	2017 年	2018 年
国轩高科	18.27	6.86	7.24	7.50	−0.09	−1.37
坚瑞沃能	−61.57	−178.86	1.70	0.10	−0.83	1.12
成飞集成	−6.20	−10.94	4.84	5.01	−0.63	−0.52
亿纬锂能	18.83	17.07	3.60	4.16	0.09	0.51
N 公司	18.99	11.75	12.63	15.01	1.25	5.16

由表 15-8，我们可以看出，N 公司加权净资产收益率与前面营业利润率一样，呈现下降趋势。鉴于在运营效率和财务结构上变化较小，加权净资产收益率主要是受到了营业利润率下降的影响；在每股净资产方面，公司超出行业内多数企业一倍以上，因此公司在市值方面也大幅领先于行业内的竞争者；在现金流方面，每股现金流大幅增长，增长率超过销售增长率，这既得益于销售的大幅增长，也依赖于公司良好的信用管理和有效的账款回收，经营活动现金流的超预期增长和公司良好的财务结构有力地支持了公司快速增长的资金需求。

（7）资金状况方面的基本情况见表 15-9。

表 15-9 N 公司与行业内资金状况对比

单位：亿元

可比公司	经营活动现金流量		投资活动现金流量		筹资活动现金流动		营收增长率
	2017 年	2018 年	2017 年	2018 年	2017 年	2018 年	
国轩高科	−1.00	−15.59	−16.96	−17.45	42.74	11.08	5.97%
坚瑞沃能	−20.09	2.90	−16.58	−0.18	31.22	−6.11	−58.61%
成飞集成	−2.18	−1.87	−6.52	−5.83	0.26	6.86	10.45%
亿纬锂能	0.81	4.34	−17.39	−7.04	13.82	9.96	45.90%
N 公司	24.49	113.16	−77.44	−194.88	89.33	70.43	48.08%

由表 15-9，我们可以看出，N 公司近两年投资活动的现金流量大幅下降，经营活动的现金流量大幅增长，涨幅接近 5 倍，相较于营业收入增长率 48.08% 的增长成倍增加。在附注中，公司的解释为：由于新能源汽车市场需求旺盛带来的动力电池业务快速增长，以及客户为备货而提前支付货款。由此可见，N 公司对于客户的议价能力强。而同行业中多家公司在经营现金流

量上均为负数，与销售收入增长不匹配，说明议价能力不强且信用政策过于宽松，只能靠筹资来弥补。在投资活动的现金净流量方面，行业内多数公司均为负数，这与所有公司不断扩大规模、满足销售增长需求有关。N公司在此项上的投资比其他行业内竞争者的总和还要多，显示出公司发展的强劲势头和龙头地位。在筹资活动的现金净流量方面，与前面在财务结构上的分析结论一致，即N公司资产实力雄厚，财务结构良好，在行业内拥有更强的融资能力。良好的销售增长态势、经营活动丰沛的现金流和较强的融资能力决定了公司加大投资、扩大规模的发展潜力。

（8）经营风险方面的基本情况如下。

尽管国家不断出政策精心培育N公司所处行业，行业内部的N公司也已成为行业龙头，但并不意味着企业可以高枕无忧。相反，N公司也面临着如下经营风险，需要信息使用者加以关注。如果N公司对经营风险应对不力，将会给企业带来重大损失。

首先，2019年中国新能源汽车销量同比下滑4%，为120.6万辆，加上新冠肺炎在全球的蔓延等不利因素影响，2020年汽车行业销量可能进一步下滑。与此同时，尽管国家已经出台了多项鼓励消费者购买新能源汽车的政策，但纯电动汽车的消费理念仍旧在形成过程中，购买成本、充电时间、续航能力、配套充电设施等因素仍在一定程度上影响新能源汽车产业的发展。另外，市场接连出现纯电动车自燃事件，也引发人们对于电池安全的担忧。

其次，新能源汽车产业政策变化风险。如果补贴政策退坡超过预期或相关产业政策发生重大不利变化，可能会对公司经营业绩产生重大不利影响。

再次，市场竞争加剧风险。随着市场竞争压力的不断增大和客户需求的不断提高，加之中国已经放开外资动力电池制造商进入中国，未来业务发展将面临一定的市场竞争加剧风险。并且，作为新兴行业，动力电池行业的技术更新速度较快，N公司新产品和新技术的研发风险，包括研发方向是否正确，研发成功与否，研发周期和研发后的成本高企，新产品的安全性等，均具有不确定性。公司如果不能始终保持技术水平行业领先并持续进步，市场竞争力和盈利能力就可能会受到影响。

最后，国家层面也在不断调整新能源战略，并相继认可甲醇、氢燃料电池等技术，以及指出混合动力是重要的过渡技术，纯电动汽车并不再像以前一样是“唯一”路径。

15.4.3　N 公司财务报表分析结果

通过对以上内容的了解，N 公司处于行业龙头位置，外部环境和企业自身素质均非常优秀，同时在国际上也相当有竞争力，具备良好的发展前景。N 公司上市后，股价屡创新高，体现了投资者对企业未来发展的认可和追捧。N 公司的其他方面，例如销售结构、成本结构、费用结构及其变动趋势，还有附注中众多管理层披露的重大事项，如公司沿革、组织架构、主要股东及管理层情况、重大投资决策、募集资金使用情况、对外担保、重大履约和财务报表各项目的分析与解读，信息使用者都可以通过财务报表及其附注加以了解，并逐项对比分析。

新修订的《证券法》对注册制的逐步推进予以再次明确，注册制与核准制的最大区别就在于审核的关注点发生了变化。审核关注点将从对发行人是否具有持续盈利能力从而是否具有投资价值的审核逐步转向对信息披露文件的完备性进行审核，督促发行人完善信息披露内容。换句话说，政府行政权力行使的性质发生了改变，政府和企业的关系发生了重大变化，加强了证券监管体系向市场化转化的趋势。这也就意味着，对于标的企业经营状况的判断需要由信息使用者来进行，政府只关注信息是否披露完整准确，并加大对信息披露瑕疵的处罚力度。换句话说，根据完整披露的信息评价企业的财务状况、经营水平，合理推测企业未来发展将由信息需求者自行分析、判断，并承担相应决策结果。毫无疑问，结合企业所处的内外部环境、财务报表及其相关信息对企业经营进行分析，是每一个信息使用者必须熟练掌握的技能。

对财务报表及其相关信息分析的目的归根结底是要评估企业的经营状况和发展态势。信息使用者既要熟练掌握财务报表的分析方法，更要将报表所反映的经营状况置于影响企业发展的内外部环境中，对企业所处的内外部环境加以综合考虑。

一方面，企业处于有利的外部环境，是企业发展壮大的基础。假设标的企业从事的是夕阳产业，如报纸行业，企业生存甚至都会面临严重困境，更别提发展，企业要么创新转型，要么倒逼破产。因此，信息使用者不能仅仅就财务报表分析财务数据，而首先应该着眼于企业所处行业的外部环境，明确行业的发展动向，这是评估企业发展前景的基础。

另一方面，要详细了解企业自身和企业所面对的竞争环境。结合企业表外表内相关信息以及竞争对手的相关信息进行分析，从而摸清企业具备哪些核心优势，存在哪些管理弱项，还有哪些提升空间，这是企业管理经营所面对的机会和风险，反映在财务报表上就是销售收入、利润水平和经营活动现金流等一系列数据指标在行业内的水平；反映在财务报表外就是企业的品牌、美誉度等非报表数据。而财务报表及其相关信息本身则作为载体，提供给信息使用者标准化、数据化、过程化的财务状况与经营状况，信息使用者通过对财务报表及其相关信息的分析，可以更加清晰、量化、可比地了解企业的各项运营管理能力，包括营销管理能力、成本管理能力、资源使用效率等定性能力，这是企业快速发展所必须具备并需要不断认识、不断提高的自身素质。

我们只有在深入了解企业内外部环境和企业自身能力的基础上，全面、充分理解企业财务报表及其相关信息，合理、准确使用财务报表及其相关信息，才能把握企业经营现状，明确企业发展趋势，进而评估企业价值，为经营管理、投资融资等决策提供依据，将错误决策的风险控制在合理的水平。